Heike Kügler-Anger

Veganes Suppenglück

Heike Kügler-Anger

Veganes Suppenglück

Köstliche Suppen und Eintöpfe
für alle Gelegenheiten

illustriert von Karin Bauer

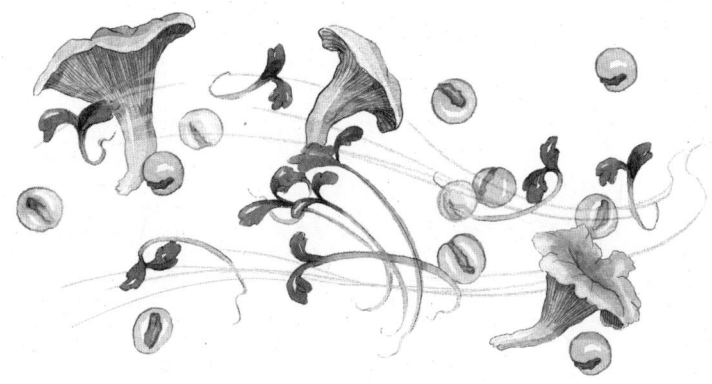

pala
verlag

Inhalt

Mein pures Glück zum Löffeln 7

Ich erobere meine Suppenwelt 8

Suppen sind Seelentröster 9

Vegane Suppen machen besonders glücklich 9

Kleines Suppen-Know-how 11

Suppen früher und heute 11

Suppe ist nicht gleich Suppe 12
Klare Suppen 13
Gebundene Suppen 14
Eintöpfe 14
Süße Suppen 15
Kalte Suppen 16

Brühe gut – Suppe gut 17
Brühe aus Gemüseresten 21
Selbst gemachte Instantbrühe 23

Alles, was man zum Suppenglück braucht 27

Notwendiges Suppen-Handwerkszeug 27

Zutaten und Tipps für die Suppenküche 29
Hülsenfrüchte in der Suppenküche 29
Salz 32
Suppen als clevere Resteverwertung 32
Aufbewahrung von Suppen 34

Suppen-Pannenhilfe 34
Die Suppe ist 34
... angebrannt 34
... zu salzig 35
... zu dünnflüssig 35
... zu dickflüssig 35
... zu dunkel 35

... zu hell 36

... zu fettig 36

... zu scharf 36

... zu trüb 36

... total verkocht 36

Suppen-Knigge 37

Hinweise zu den Rezepten 38

Rezeptteil:

Für den Familientisch 40

Für feine Feste 52

Für die zünftige Party 70

Für den großen Hunger 84

Fürs Büro und Picknick 98

Für heiße Tage 110

Für Eilige – fertig gekocht in etwa 15 Minuten 122

Für die Seele und zum Wohlfühlen 134

Für kulinarische Weltenbummler 146

Für kleine und große Süßschnäbel 166

Für noch mehr Suppenglück – Einlagen und Beilagen 176

Suppen rund ums Jahr 190

Die Autorin 193

Verzeichnis der Rezepte 194

Suppenküche

Mein pures Glück zum Löffeln

Eigentlich bin ich ein ausgeglichener Mensch. Vor Kurzem musste ich jedoch feststellen, dass ich neidisch war. Ich konnte förmlich spüren, wie eine heiße Welle des Neides von den Fußspitzen über den Bauch bis zum Kopf in mir hochstieg. Was war geschehen?

Eine Teilnehmerin meiner Kochkurse berichtete beim gemeinsamen Essen, dass es in ihrer Kindheit mindestens dreimal in der Woche Suppe oder Eintopf gegeben hatte. Ich war sprachlos. Mindestens dreimal in der Woche Sämig-Cremiges oder Knackig-Frisches heiß aus dem Suppenteller oder der Suppentasse? Ich fing an zu fantasieren: montags eine cremige, süßlich aromatische Erbsensuppe, mittwochs eine Tomatensuppe mit Basilikum und samstags die kulinarische Krönung, eine Gemüsesuppe mit Nudeln: doppeltes Glück aus der Suppenterrine, weil bekanntlich Nudeln sowie Suppen kulinarische Glücksbringer sind. Nur mit Mühe gelangte ich in das Hier und Jetzt und zu meinen Kochkursteilnehmern zurück.

Nun ist es nicht so, dass ich in meiner Kindheit und Jugend hungern musste. Ganz im Gegenteil. Aber es gab doch zwei Speisen, die bei uns nur in Ausnahmefällen auf den Tisch kamen. Das waren Nudelgerichte und Suppen. Mein Vater konnte mit beiden kulinarisch nie viel anfangen, sodass wir quasi suppenlos lebten.

Mit Entbehrungen ist es so eine Sache. Wollten Sie, liebe Leserin und lieber Leser, als Kind auch immer vergeblich einen Hund oder eine Katze? Was macht man also, wenn man flügge geworden ist und in die Welt hinauszieht? Man sieht zu, dass man das bekommt, wonach man sich schon so lange sehnt. Kurzum: In unsere Studentenbude zog eine Dackeldame ein und ich begann, Suppen zu kochen.

Ich erobere meine Suppenwelt

Weil ich in Sachen Suppen zu jener Zeit noch eine Debütantin war, begann ich, einfache Suppen zu kochen: Linsensuppe mit Kartoffeln, Haferflockensuppe mit Kräutern, Tomatensuppe mit Grünkernschrot. Langsam traute ich mich auch an mir damals exotisch anmutende Zutaten wie Rote Bete oder Kürbis heran. Bei unseren Studentenpartys gab es feuriges Chili oder eine würzige Zwiebelsuppe.

Auf tatsächlichen Reisen und solchen, die ich mithilfe zahlreicher Bücher im Kopf erlebte, schaute ich in die Suppentöpfe anderer Nationen, entdeckte Spezialitäten, die traditionell ganz ohne tierische Produkte auskommen oder die man ganz leicht dementsprechend abändern kann: Aus Frankreich brachte ich eine köstliche Gemüse-Bouillabaisse und eine Knoblauchsuppe mit, die die Erntehelfer bei der Weinlese löffeln, um neue Energie zu schöpfen. In Italien begegnete mir Pasta e patate, eine Suppe, für die man Kartoffeln und Nudeln kombiniert. In Spanien, aber auch in den nordafrikanischen Ländern gibt man gern Hülsenfrüchte sowie Minze in den Suppentopf. Minze ist ein traditioneller Bestandteil auch der britischen Küche, wo man gern Erbsensuppe, gewürzt mit Minze, serviert. In China gibt es köstliche Suppen mit Tofu und Gemüse. Und in der japanischen Küche ist die Miso-Suppe der Suppenklassiker schlechthin.

So kann man im veganen Suppentopf die ganze Welt bereisen. Doch Suppen können noch viel mehr: Sie können, am Vortag zubereitet und morgens noch einmal kurz aufgekocht und in ein Isoliergefäß gefüllt, mit ins Büro oder auf den Arbeitsplatz genommen werden. Frischluftfans, die Abwechslung zu den üblichen Salaten und Sandwiches suchen, genießen eine lecker cremige Suppe auf der Parkbank oder beim Picknick. An verregneten Herbsttagen oder frostigen Winterabenden wärmen und nähren Suppen zugleich. Im Sommer können sie, schön kühl serviert, dazu beitragen, cool zu bleiben. Für den Bärenhunger nach der Schule oder Arbeit findet sich immer ein Eintopf oder eine reichhaltige Suppe. Weil vieles aus dem Suppentopf aufgewärmt besonders gut schmeckt, lassen sich Suppen und Eintöpfe prima auf Vorrat kochen. Kleine und große Süßschnäbel brauchen ebenfalls nicht auf ihr Suppenglück zu verzichten, weil auch Obst und andere süße Zutaten sowie Schokolade köstliche Suppen ergeben. Auch wenn es einmal richtig schnell gehen muss, sind Suppen genau das Richtige: Die Blitz-Suppen, die ich Ihnen von Seite 122 bis Seite 133 vorstelle, sind in etwa 15 Minuten fix und fertig gekocht. Dagegen können Sie Tütensuppen getrost vergessen, denn frisch gekocht und gelöffelt ist immer die bessere Alternative.

Suppen sind Seelentröster

Es gibt Tage, an denen man mit dem falschen Fuß aufsteht. An denen einem bei strömendem Regen der Bus vor der Nase wegfährt oder die Autobatterie streikt, der Chef herummuffelt, ein Job oder eine Klassenarbeit nicht so gelaufen ist, wie man es sich erhofft hat, und die Welt nur noch trüb erscheint. Wenn man dann am Küchentisch sitzt, eine wärmende Suppentasse in der Hand hält, das köstliche Aroma einatmet und den ersten Löffel zum Mund führt, ist die Welt fast schon wieder in Ordnung. Gewisse Suppen haben es nämlich in sich, Trost zu spenden. Sie sind besonders cremig aromatisch, teils mit einem Hauch von Süße, mit sorgfältig abgestimmten Gewürzen oder mit Zutaten, die man besonders schätzt, zubereitet. Die Wohlfühlsuppen von Seite 134 bis Seite 145 sind pures Glück zum Löffeln.

Vegane Suppen machen besonders glücklich

Mit das Beste an den ab Seite 40 vorgestellten Suppen ist, dass sie ausnahmslos, vom Auberogineneintopf bis zur Zucchini-Kokosmilch-Suppe, ganz ohne tierische Inhaltsstoffe auskommen. Das gilt auch für die Einlagen und Beilagen, die das vegane Suppenglück vervollständigen.

Mit diesem Buch möchte ich alle, die beim Kochen und Genießen auf tierische Produkte verzichten möchten, sowie alle, die Lust haben, einmal etwas Neues auszuprobieren, mehr Gemüse in ihren Speiseplan zu integrieren und »grüner« zu essen, glücklich um den Suppentopf versammeln.

Eine glückliche Suppenzeit rund ums Jahr wünscht Ihnen

PS: Es mag Sie, liebe Leserin und lieber Leser, nach dem Lesen dieses Vorwortes nicht verwunden, dass mir Heinrich Hoffmanns Suppen-Kaspar schon als Kind nicht besonders sympathisch war. Geht es Ihnen ähnlich?

Kleines Suppen-Know-how

Suppen früher und heute

Suppen zählen zu den Urspeisen der Menschheit und sind älter als unser tägliches Brot. Etwa ab dem Zeitpunkt, ab dem der Mensch lernte, das Feuer zu beherrschen, kamen Samen von Süßgräsern, die Vorläufer der Getreidearten, mit Wasser und anderen Zutaten zuerst in wasserfeste Kochsäcke, später in Tongefäße, Suppentöpfe aus Stein und Metall. Bereits bei den Kelten, im antiken Griechenland, im Römischen Reich und bei den germanischen Völkern schätzte man dickflüssige Breie auf Getreidebasis oder aus Hülsenfrüchten, die durch die Zugabe von Gemüse wie auch Brot, Getreidefladen und Klößchen zur noch besseren Sättigung angereichert wurden. In China löffelt man seit mehreren Tausend Jahren Reissuppe. In Indien zählt Dal, ein kräftig gewürzter Brei aus Linsen, Kichererbsen, Erbsen oder Bohnen seit Jahrtausenden zu den Grundnahrungsmitteln. Ebenso lange tischt man in Ägypten sowie im gesamten arabischen Raum Ful, einen Brei aus braunen Favabohnen, auf. Diese wärmenden und gleichzeitig nahrhaften Breie wurden früher in der breiten Bevölkerung

zum Frühstück, mitunter auch zu allen Mahlzeiten des Tages gereicht. Die Tradition des Frühstücksbreis hat sich zum Beispiel im heutigen Großbritannien und vor allem in Schottland erhalten, wo man zum Frühstück gern eine Schale heißen Porridge isst. Das deutsche Worte »Suppe« leitet sich unter anderem vom germanischen Begriff »suppa« (»eingetauchte Brotscheibe«) oder mittelniederdeutsch »soppe« (eingeweichtes Brot, Brühe, Brei, Sauce) her.

Unsere modernen Suppen, in denen neben Getreide und Hülsenfrüchten vielfältige Zutaten wie frisches Gemüse, Fisch, Fleisch, Geflügel, Milchprodukte, Gewürze und Kräuter verwendet werden, haben ihren Ursprung zum einen in der Renaissance, vor allem aber in der französischen Küche des 17. Jahrhunderts. Im Laufe der nachfolgenden Jahrhunderte entwickelten Küchenchefs bei Hofe Suppen, die weniger gehaltvoll waren und die damit nicht als eigenständige Mahlzeit, sondern als Auftakt eines mehrgängigen Menüs serviert werden konnten.

Heute sind die ehemals schlichten Suppen kulinarische Multitalente, die als heißes und kaltes wie auch süßes Hauptgericht, als Vorspeise, leichte Sommermahlzeit, als Seelentröster und Magenwärmer an kalten Tagen, anlässlich einer zünftigen Party oder eines feinen Festes auf den Tisch kommen. Noch heiß in Isolierkannen oder entsprechende Transportgefäße gefüllt, sind sie ein leckeres, wärmendes Mittagessen für unterwegs oder eine prima Bereicherung für das Picknick. Mit Suppen geht, kulinarisch gesehen, fast alles.

Suppe ist nicht gleich Suppe

Im Topf sind alle Suppen gleich? Mitnichten. Eine klare Gemüsesuppe schmeckt anders als eine deftige Kartoffelsuppe. Eine feine Pfifferlingsrahmsuppe lässt sich im Aroma und in ihrer Konsistenz nicht mit einem herzhaften Linseneintopf oder einem orientalischen Eintopf mit Kichererbsen vergleichen. Außer klaren, feinen und herzhaften Suppen gibt es noch kalte und süße Suppen. Was eint die Suppen also und was gibt es Trennendes im Suppentopf?

Die klassische Suppenkunde unterteilt die Suppen vorwiegend in zwei große Klassen, und zwar in klare Suppen und in gebundene Suppen. Zwei weitere Kategorien sind die süßen Suppen und die Kaltschalen.

Beim Eintopf werden verschiedene Zutaten mit Wasser oder Brühe in einem Topf gegart und ergeben eine sehr sättigende, eigenständige Mahlzeit. Die klassische Suppenkunde ordnet den Eintopf als eine Untergruppe der Suppen ein.

Klare Suppen

Die Basis einer klaren Suppe ist eine Brühe, auch Bouillon genannt. Diese ist zwar klar, sodass man durch die goldgelbe oder goldbraune Flüssigkeit den Tellerboden erkennt, doch voller Aroma und Geschmack. In der klassischen Suppenküche werden für die Herstellung einer Brühe Fleisch, Suppenknochen, Geflügel, Wild oder Fisch mit bestimmten Gemüsearten, dem sogenannten Suppengrün, Gewürzen und Kräutern sowie Wasser ausgekocht. Ein herrlich würziger Wohlgeschmack lässt sich jedoch auch ganz ohne Tierprodukte in den Suppenteller zaubern, indem man aus Zwiebeln, ausgesuchten Gemüsearten, Kräutern und Gewürzen eine klare Gemüsebrühe zubereitet. Diese kann man nach dem Abseihen durch ein feines Sieb als eigenständige Speise genießen oder zur Zubereitung von klaren Suppen sowie weiteren Suppenspezialitäten verwenden. Je länger man die fertige Brühe einkocht, desto intensiver werden ihr Geschmack und ihre Farbe. In der klassischen Suppenkunde werden solche Zubereitungen als Kraftbrühe (Consommé) und doppelte Kraftbrühe (Consommé double) bezeichnet.

Klare Suppen bekommen mehr »Biss«, indem man sie mit in feine Würfel oder dünne Streifen (Julienne) geschnittenem Gemüse und fein gehackten Kräutern verfeinert. Sie sind außerdem die Basis für die seit jeher bei Groß und Klein beliebte Flädlesuppe (siehe Seite 179) und Grießklößchensuppe (siehe Seite 181). Etwas sättigender werden klare Suppen, wenn man kleine Nudeln (entweder schon fertig gekocht eingerührt oder kurz in der Suppe mitgekocht), garten Reis oder andere gegarte Getreidearten, Croûtons (siehe Seite 185) oder Backerbsen einrührt. Klare Suppen werden jedoch meist nicht als sättigende Hauptspeise, sondern als Vorspeise eines mehrgängigen Menüs oder als kleine warme Mahlzeit zwischendurch serviert.

Gebundene Suppen

Gebundene Suppen, die auch als Rahmsuppen oder Cremesuppen bezeichnet werden, haben eine sahnige Konsistenz und zergehen samtig auf der Zunge. Sie werden mit einem Bindemittel zubereitet. Der Klassiker unter den in der Küche verwendeten Bindemitteln ist das Weizenmehl, mit dem eine Mehlschwitze oder Einbrenne hergestellt wird. Dafür wird das Mehl mit Öl oder Margarine im Topf ohne zu bräunen angeschwitzt und danach mit kalter Brühe abgelöscht. Durch das Hinzufügen von etwas (Pflanzen-)Sahne werden Suppen, die durch solch eine Mehlschwitze gebunden werden, besonders cremig und zergehen samtig auf der Zunge.

Auch Haferflocken, Gerstenschrot, Graupen, Grieß, fein pürierte Hülsenfrüchte, Grünkernschrot, Hirse, Polenta, Maismehl, klein geschnittenes Brot sowie pürierte Mandeln oder Cashewnüsse sorgen dafür, dass Suppen eindicken. Speisestärke bringt sowohl herzhafte wie auch süße Suppen in Form. Wichtig ist jedoch, dass man die Speisestärke auf keinen Fall direkt in die Suppe gibt, sondern sie vorher in etwas kaltem Wasser, kalter Brühe, kaltem Pflanzendrink oder kaltem Fruchtsaft glatt rührt und erst dann in die Suppe einrührt. Nach dem anschließenden Aufkochen ist die Suppe schön cremig und klümpchenfrei.

Für pürierte Suppen kommt entweder die Küchenmaschine, der Standmixer oder der Pürierstab zum Einsatz. Durch das Pürieren von Kartoffeln, Gemüse und Hülsenfrüchten werden diese Suppen schön cremig. Treten die pürierten Gemüse oder die pürierten Hülsenfrüchte an die Stelle von gehaltvollerer (Pflanzen-)Sahne oder Fett, können solche Suppen gleichzeitig eine leichtere Alternative zu den oft gehaltvolleren Rahmsuppen sein.

Eintöpfe

Beim Eintopf ist der Name Programm – alle Zutaten kommen in einen (vorzugsweise schön großen) Topf. Die typischen Zutaten von kräftig würzigen und zugleich sättigenden Eintöpfen sind Zwiebeln, Knoblauch, Lauch, Karotten, Kohl und Sellerie. Dazu kommen als zusätzliche Sättigungseinlagen Kartoffeln, Hülsenfrüchte (getrocknete Bohnen, Linsen, Kichererbsen, Erbsen) sowie Nudeln, Reis, Hirse, Graupen, andere Getreidearten, Amarant, Quinoa oder Buchweizen. Schön aromatisch werden Eintöpfe durch ausgewählte Kräuter und Würzzutaten.

Die Kunst eines gelungenen Eintopfes besteht darin, die unterschiedlichen Garzeiten der einzelnen Zutaten zu berücksichtigen, sodass bei Tisch nichts noch halb roh oder total verkocht in den Suppenteller kommt. Um dies sicherzustellen, geht man am besten wie folgt vor: Zuerst werden Zwiebeln und (falls gewünscht) Knoblauch in reichlich Öl angeschwitzt. Dann gibt man nacheinander die anderen Gemüsearten klein geschnittenen in den Topf und schwitzt sie ebenfalls kurz an. Festere Gemüsearten, die wenig Wasser enthalten, zum Beispiel Lauch, Karotten, Kartoffeln, Knollensellerie, Weißkohl, Rotkohl, Rote Bete, Kürbis, Süßkartoffeln, müssen länger garen als zum Beispiel Auberginen, Fenchel, Tomaten, Zucchini, Staudensellerie, Kohlrabi, Blumenkohl, Brokkoli, grüne Erbsen, die einen höheren Wassergehalt haben. Lorbeerblätter, Bohnenkraut und mediterrane Kräuter wie Thymian, Rosmarin, Majoran, Salbei oder Oregano dürfen lange mitgaren. Empfindlichere Kräuter wie Petersilie, Schnittlauch, Basilikum, Kerbel, Dill oder Koriander rührt man erst kurz vor dem Servieren unter.

Eintöpfe schmecken nicht nur gut, sondern sind außerdem gut für den Geldbeutel, weil sie sich bestens zur kreativen Resteverwertung eignen. Mit vom Vortag übrig gebliebenen Kartoffeln, Nudeln, Reis oder Hülsenfrüchten lässt sich mit etwas frischem, klein geschnittenem Gemüse und einer guten Brühe schnell eine leckere Mahlzeit aus einem Topf zaubern.

Viele Eintöpfe, vor allem aber die mit Hülsenfrüchten gekochten, schmecken aufgewärmt erst richtig gut, sodass man am besten gleich die doppelte Menge kocht und die übrig gebliebenen Portionen am nachfolgenden Tag auftischt oder zur cleveren Vorratshaltung in das Tiefkühlgerät gibt. Dort sind sie bis zu 3 Monate gut haltbar.

Süße Suppen

Bei all dem Herzhaften, was aus Suppentöpfen duftet, spielen die feinen, kleinen süßen Süppchen meist nur eine kulinarische Nebenrolle – was mehr als schade ist und was ich mit den Rezepten ab Seite 166 ändern möchte. Heiß aus dem Topf oder gut abgekühlt gelöffelte süße Suppen schmecken als leichte Hauptspeise, abwechslungsreiches Dessert, zum Frühstück oder als süße, flüssige Nascherei für zwischendurch. Übrigens nicht nur Kindern.

Die Klassiker unter den süßen Suppen sind die Obstkaltschalen, bei denen eine oder mehrere Obstarten mit Wasser oder Fruchtsaft verrührt und mit Speisestärke gebunden werden. Gehaltvoller sind süße Suppen, die mit Hirse, Haferflocken, Brot, cremiger Kokosmilch oder Sojajoghurt angerührt werden. Auch Schokofans kommen bei Suppen voll auf ihre Kosten, weil geschmolzene Schokolade eine wunderbare Basis für die dunkle Leckerei aus dem Suppentopf ist. Besonders aromatisch werden süße Suppen und Kaltschalen, wenn man feine Gewürze wie Vanille, Zimt, Ingwer, fein abgeriebene Zitronenschale und Orangenschale oder ausgewählte alkoholische Getränke unterrührt.

Werden süße, kalt servierte Suppen aus Zutaten zubereitet, die gekocht werden müssen, sollte man sie wegen der anschließenden Kühlzeit vorzugsweise am Vortag zubereiten. Danach sollte man jedoch den Kühlschrank im Auge behalten, um großen und kleinen Suppendieben schnell die Suppenlöffel aus den Händen zu nehmen!

Kalte Suppen

Kalte Suppe werden, wie der Name schon verrät, kalt gelöffelt und sind damit die idealen Suppenbegleiter für die heiße Jahreszeit. Sie können süß oder herzhaft sein. Je nach ihren Zutaten unterscheidet man bei den als Dessert oder leichte Hauptmahlzeit servierten süßen Kaltschalen die Fruchtkaltschalen und Milchkaltschalen.

Auch aus herzhaften Zutaten lassen sich leckere, kalt servierte Suppen zubereiten. Dazu werden zum Beispiel verschiedene rohe oder kurz blanchierte Gemüsearten mit abgekühlter Brühe, Wasser, Pflanzendrink, Gemüsesaft oder Sojajoghurt, eingeweichtem Brot, Mandeln oder Cashewnüssen fein püriert. Bei anderen kalten Suppen werden die Zutaten zuerst weich gekocht, im Anschluss püriert und nach dem Abkühlen serviert.

Brühe gut – Suppe gut

Die Basis einer guten klaren Suppe ist eine richtig gute Gemüsebrühe. Auch andere Suppen können durch das Einrühren von Gemüsebrühe aromatisch verfeinert werden. Gemüsebrühe kann entweder – ganz klassisch – aus einem fertig gekauften Bund Suppengemüse, also aus Karotten, Lauch, Knollensellerie, Petersilie und (mitunter) Petersilienwurzeln, oder aus verschiedenen, speziell zusammengestellten Gemüsearten angesetzt werden. Das Gemüse wird geputzt, gewaschen und grob zerkleinert. Kommt Biogemüse in den Topf, müssen Karotten und Petersilienwurzeln lediglich gründlich gewaschen, aber nicht geschält werden. Vom Lauch können auch die dunkelgrünen Teile verwendet werden. Frische Gartenkräuter wie Petersilie, Liebstöckel, Bohnenkraut, Estragon oder mediterrane Kräuter wie Thymian, Rosmarin, Oregano, Majoran, Salbei sowie Gewürze wie Lorbeerblätter, Pfefferkörner, Senfkörner, Gewürznelken, Fenchelsamen, Wacholderbeeren können nach Belieben hinzugefügt werden. Die Kräuter bindet man mit den Lorbeerblättern am besten mit hitzebeständigem Küchengarn zu einem kleinen Sträußchen (welches in der Fachsprache »bouquet garni« genannt wird) zusammen. Pfefferkörner und Wacholderbeeren sowie andere sehr kleine Gewürze sind während des Köchelns gut in einem Gewürz-Ei oder großen Tee-Ei aufgehoben.

Besonders würzig wird die Gemüsebrühe, wenn man zuerst eine geschälte, grob zerkleinerte Zwiebel mit ein bis zwei geschälten, zerdrückten Knoblauchzehen in etwas heißem Öl anschwitzt, das grob zerkleinerte Suppengemüse hinzufügt, anschwitzt und danach mit kaltem Wasser aufgießt. Die Zutaten für die Brühe sollten immer mit kaltem Wasser aufgesetzt werden, weil sie so besser auslaugen und mehr Aroma abgeben.

Die Brühe erhält eine schöne goldbraune Färbung, wenn man eine geschälte Zwiebel halbiert und die Schnittflächen der Zwiebelhälften im Topf mit etwas Öl goldbraun anbräunt, dann das Suppengemüse hinzufügt und wie oben beschrieben weiter verfährt.

Die Zubereitung einer richtig guten Brühe ist also nicht kompliziert, braucht aber ihre Zeit. Keine Brühe ohne ein wenig Mühe! Bis die Brühe so weit ist, dass man sie durch ein Mulltuch oder ein feines Sieb abseihen kann, muss man mindestens eine gute Stunde einplanen. Danach wird sie noch herzhaft mit Salz und Pfeffer abgeschmeckt. Das ausgekochte Gemüse hat sein Bestes, das heißt seine Aromen, Mineralstoffe und auch Vitamine, die erhalten bleiben, sofern sie hitzebeständig sind, in die Brühe gegeben, sodass es nach dem Abseihen entsorgt werden kann. Beim ersten Löffel der frisch gekochten Brühe wird man feststellen, dass sich alle Mühen gelohnt haben. Die selbst gekochte Brühe ist wesentlich aromatischer als ein gekauftes Fertigprodukt. Außerdem enthält sie in der Regel deutlich weniger Salz und keine unerwünschten Zusatzstoffe wie Glutamat, Hefeextrakt, gehärtete Fette oder versteckte Tierprodukte. Bei einer selbst gemachten Brühe weiß man ganz genau, was im Topf und Teller landet.

Klassische Gemüsebrühe aus Suppengrün

1 Zwiebel
3 – 4 EL Rapsöl
1 Bund Suppengrün
5 Stängel glatte Petersilie
1 Stängel Liebstöckel
2 Lorbeerblätter
3 – 4 Wacholderbeeren
3 – 4 Pfefferkörner
gut 2 l Wasser
Meersalz
frisch gemahlener schwarzer Pfeffer

➤ Die Zwiebel schälen, mittelfein hacken und im heißen Öl anschwitzen. Das geputzte und nach Bedarf geschälte Suppengrün in etwa gleich große Stücke zerkleinern, zur Zwiebel in den Topf geben und ebenfalls kurz anschwitzen.
➤ Petersilie, Liebstöckel und Lorbeerblätter zu einem Sträußchen zusammenbinden und mit den leicht zerdrückten Wacholderbeeren und Pfefferkörnern sowie dem Wasser zum Suppengrün in den Topf geben.
➤ Alles unter Rühren kurz aufkochen. Die Temperatur deutlich reduzieren und die Brühe unter gelegentlichem Rühren gut 60 Minuten köcheln lassen.
➤ Die Brühe durch ein feines Sieb abseihen und die klare Flüssigkeit auffangen. Mit Salz und Pfeffer abschmecken.

Mediterrane Gemüsebrühe

1 große gelbe Zwiebel
1 große rote Zwiebel
3 – 4 große Knoblauchzehen
4 – 5 EL Olivenöl
2 Karotten
2 Stangen Lauch
2 Stangen Staudensellerie
2 Zucchini
4 ½ l Wasser
2 Zweige Rosmarin
2 Zweige Thymian
2 Zweige Oregano
2 Stängel Bohnenkraut
2 Lorbeerblätter
Meersalz
frisch gemahlener schwarzer Pfeffer

➤ Die Zwiebeln und Knoblauchzehen schälen. Die Zwiebeln achteln, den Knoblauch vierteln und beides im heißen Öl kurz anschwitzen.

➤ Die Karotten schälen und in Scheiben schneiden. Lauch und Staudensellerie in dünne Scheiben schneiden. Die Zucchini mittelfein würfeln. Das Gemüse in der Reihenfolge Lauch, Karotten, Staudensellerie, Zucchini zu den Zwiebeln und dem Knoblauch in den Topf geben und jeweils kurz anschwitzen.

➤ Das Wasser hinzufügen, alles unter Rühren zum Kochen bringen, 3 – 4 Minuten sprudelnd kochen, dann die Temperatur deutlich reduzieren.

➤ Die Kräuter und Lorbeerblätter zu einem kleinen Sträußchen zusammenbinden und zur Suppe geben. Alles unter gelegentlichem Rühren etwa 2 Stunden köcheln lassen.

➤ Die Brühe durch ein feines Sieb abseihen und die klare Flüssigkeit auffangen. Mit Salz und Pfeffer abschmecken.

Gemüsebrühe aus Gartengemüse

2 große Zwiebeln
3 – 4 EL Rapsöl
2 große Stangen Lauch
3 – 4 Karotten
1 großer Kohlrabi oder 1 kleiner Knollensellerie
4 l Wasser
1 Bund gemischte Gartenkräuter nach Saison
2 Lorbeerblätter
Meersalz
frisch gemahlener schwarzer Pfeffer

➤ Die Zwiebeln schälen, mittelfein hacken und im heißen Öl
anschwitzen. Den Lauch in dünne Scheiben schneiden.
Die Karotten und den Kohlrabi (oder den Knollensellerie)
schälen und mittelfein würfeln.

➤ Das Gemüse in der Reihenfolge Lauch, Karotten, Kohlrabi
(oder Knollensellerie) zu den Zwiebeln in den Topf geben und
jeweils kurz anschwitzen. Das Wasser sowie die zu einem
Sträußchen zusammengebundenen Kräuter und Lorbeerblätter
hinzufügen.

➤ Alles unter Rühren kurz aufkochen. Die Temperatur deutlich
reduzieren und unter gelegentlichem Rühren gut 2 Stunden
köcheln lassen.

➤ Die Brühe durch ein feines Sieb abseihen und die klare
Flüssigkeit auffangen. Mit Salz und Pfeffer abschmecken.

Aufbewahrung der fertigen Brühe

Damit man immer Brühe zur Hand hat, lohnt es sich, gleich größere Mengen zu kochen. Die fertig gekochte Brühe kann man in heiß ausgespülte Gläser gießen, auf Raumtemperatur abkühlen lassen und danach 4 – 5 Tage mit zugeschraubtem Deckel im Kühlschrank aufbewahren. Noch länger, nämlich 5 – 6 Monate, hält sich die Brühe im Tiefkühlgerät (am besten in stabile und gut verschließbare Kunststoffdosen gefüllt).

Gibt man die fertige Brühe nochmals auf den Herd und lässt sie über mehrere Stunden einkochen, entsteht ein sehr würziger Fond, den man in Eiswürfelbehälter geben und einfrieren kann. Die gefrorenen Fondwürfel kann man bei Bedarf aus dem Tiefkühlgerät nehmen und wie handelsübliche Brühwürfel verwenden.

Brühe aus Gemüseresten

Ich bin ein ausgesprochener Brühe-Fan. Ich liebe den fein aromatischen Geschmack und verwende meine selbst gemachte Gemüsebrühe täglich in der Küche. Denn Brühe eignet sich nicht nur für Suppen: Sie kann außerdem als Basis für Saucen, Aufstriche, Dips und als kleiner heißer Snack dienen. Am meisten mag ich jedoch ihre Bescheidenheit. Eine leckere Gemüsebrühe kann man nämlich nicht nur aus frisch gekauftem oder geerntetem Suppengemüse kochen. Nein, auch viele Gemüsereste, die täglich in der Küche anfallen, eignen sich als Grundlage für eine gute Brühe. Frei nach dem Motto: Topf statt Tonne.

In den kalten Monaten steht eine Mini-Biotonne (eine große Kunststoffdose mit Deckel), in der ich die über die Woche anfallenden geeigneten Gemüsereste sammle, auf meiner Terrasse, im Sommer im Kühlschrank. Ist die Dose voll, gebe ich den Inhalt mit zwei, drei geschälten und leicht zerdrückten Knoblauchzehen und einem großen Lorbeerblatt in meinen Suppentopf, gieße Wasser hinzu, bis die Gemüsereste gut bedeckt sind, und setze das Ganze auf den Herd. Ein prima Richtwert für die Zubereitung einer Brühe aus Gemüseresten ist, ein gutes Drittel Gemüse mit knapp zwei Drittel Wasser aufzusetzen. Im Anschluss verfährt man wie bei einer üblichen Brühe, das heißt, man gibt nach dem Auskochen alles durch ein feines Sieb und fängt die klare Flüssigkeit auf.

Als Gemüsereste eignen sich je nach Saison zum Beispiel:
- die Schalen und Enden von Karotten, Petersilienwurzeln, Zucchini,
- die grünen Teile und der Wurzelansatz von Lauch,
- die Schale und der Wurzelansatz von Knollensellerie,
- die abgeschnittenen Enden und die Schale von Spargel,
- die abgeschnittenen Enden von grünen Bohnen,
- die grünen Blätter und die Schale von Kohlrabi,
- der Strunk und die grünen Blätter von Blumenkohl,
- zwei, drei Blätter von Wirsing, Weißkohl, Spitzkohl, jedoch nicht mehr, damit der Kohl nicht zu dominant herausschmeckt,
- die Strünke von Staudensellerie, Fenchel, Chinakohl, Brokkoli,
- Erbsenhülsen,
- die Stielenden von Pilzen,
- die Stängel von Petersilie,
- die Schale von Steckrüben,
- die Schale von Süßkartoffeln,
- nicht verwendete (weil zum Beispiel verschorfte) Schalenabschnitte vom Hokkaidokürbis,
- ein paar Zwiebelschalen, die der Brühe eine dunkle Färbung verleihen.

Nicht verwenden sollte man dagegen:
- die Schalen von Roter Bete und Blätter vom Rotkohl, welche der Brühe eine rote Färbung verleihen,
- Rosenkohlblätter, die im Geschmack sehr dominant sind,
- die Schalen von Pastinaken und Schwarzwurzeln,
- Chicorée, der viele Bitterstoffe enthält,
- Kartoffelschalen, da sie stärkehaltig sind.

Alles, was bereits verdorben, matschig oder schimmelig ist, gehört natürlich ebenfalls nicht in den Topf, sondern in die Tonne oder auf den Kompost.

Damit es beim Löffeln der Brühe nicht unangenehm zwischen den Zähnen knirscht, ist es wichtig, die Gemüsereste, vor allem die Wurzelansätze von Lauch und Sellerie, sehr gut, am besten mithilfe einer Gemüsebürste, unter fließendem Wasser zu reinigen. Ein paar zusätzliche mit in den Topf gegebene getrocknete Tomaten, getrocknete Pilze oder getrocknete Meeresalgen verleihen der Resteverwertungs-Gemüsebrühe ein besonders würziges Aroma.

Selbst gemachte Instantbrühe

In vielen Küchen werden gekörnte Gemüsebrühe oder Suppenwürfel zum Abschmecken und Verfeinern verwendet. Wirft man einen Blick auf die Etiketten dieser Fertigprodukte, kann es einem leicht den Appetit verderben: In den meisten gekörnten Brühen steckt vieles, was man darin zum einen gar nicht vermutet und zum anderen vielleicht auch nicht haben möchte. Die Rede ist von viel zu viel Salz, (karamellisiertem) Zucker oder Glukosesirup, jeder Menge Geschmacksverstärkern (wie Glutamat), künstlichen Aromen, gehärtetem Fett und Säuerungsmitteln. Gemüse kommt in diesen Fertigprodukten erstaunlich wenig vor: Enthält die gekaufte gekörnte Gemüsebrühe einen Gemüseanteil von 20 Prozent, kann man sich meist schon glücklich schätzen. Einige Trockengemüsebrühen kommen sogar ganz ohne Gemüse aus! Möchte man so etwas wirklich in den Suppentopf geben? Ich meine, nein.

Da hilft nur eins: Selbst ist der Mann oder die Frau! Denn leckeres und vor allem gesundes Gemüsebrühekonzentrat lässt sich mit überschaubarem Aufwand auch in der eigenen Küche zubereiten. So bestimmt man selbst, was ins Glas kommt und was nicht. Am wichtigsten sind natürlich frische Gemüse und Kräuter. Weil die selbst gemachte Instantbrühe längere Zeit haltbar sein sollte, werden diese Zutaten entweder durch Trocknen oder durch Salz haltbar gemacht. Beides sind erprobte Konservierungsmethoden, die schon seit Jahrtausenden praktiziert werden. Früher trocknete man Lebensmittel vor allem mithilfe der Sonne und Wärme von Feuer, heute können wir dafür zusätzlich unseren Backofen oder einen Dörrautomaten nutzen. Weil Salz Lebensmittel sehr lange konserviert, wurde es früher mit Gold aufgewogen. Heute sollten Sie wegen des vorzüglichen Geschmacks darauf achten, gutes Meersalz zu verwenden. Auf 100 g geputztes Gemüse gibt man etwa 12 g Salz, das man gründlich untermischt.

Weil die selbst gemachten Gemüsebrühekonzentrate ohne Geschmacksverstärker und künstliche Aromen auskommen, benötigt man zum Würzen und Abschmecken in der Regel ein wenig mehr davon als von einem Fertigprodukt. Ich würze mit dem frischen Gemüsebrühekonzentrat übrigens nicht nur meine Suppen und Eintöpfe, sondern verleihe auch Aufstrichen, Dips, Salatsaucen, vielen Gemüsegerichten und Marinaden damit leckeren Pep.

Getrocknete gekörnte Gemüsebrühe

für etwa 175 g Trockengewürz

1 kleine geschälte Zwiebel (etwa 50 g)
1 – 2 geschälte Knoblauchzehen
150 g geschälte Karotten
150 g geschälter Knollensellerie
100 g geputzter Lauch
100 g geschälte Pastinaken oder Petersilienwurzeln
100 g Selleriegrün vom Knollensellerie
50 g glatte Petersilie mit Stängeln
80 g Meersalz

➤ Das Gemüse und die Kräuter grob zerkleinern.

➤ Die Gemüsemischung in zwei bis drei Portionen in den Mix-behälter der Küchenmaschine geben und sehr fein zerkleinern (jedoch nicht zu einem Brei pürieren). Beim letzten Pürieren das Salz hinzufügen. Das zerkleinerte Gemüse in einer Schüssel nochmals gut vermischen (damit das Salz gleichmäßig verteilt ist).

➤ Das Gemüse auf zwei mit Backpapier ausgelegte Backbleche geben und sehr dünn verstreichen. Die Backbleche in den nicht vorgeheizten Backofen geben und die Temperatur auf 80 °C (Umluft) einstellen. Damit beim Trocknen die Feuchtigkeit entweichen kann, die Backofentür einen Spalt breit offen halten, zum Beispiel mit einem Kochlöffel.

➤ Das Gemüse etwa 3 Stunden oder so lange, bis es mühelos zwischen den Fingern zerkrümelt, trocknen lassen. Den Backofen ausschalten, die Backofentür schließen und das Gemüse nochmals etwa 3 Stunden ruhen lassen (dabei gleichzeitig die Restwärme ausnutzen).

➤ Das getrocknete Gemüse in mehreren Portionen im Mörser zermahlen, dann in verschließbare Gläser oder Dosen abfüllen. Trocken gelagert, hält sich die getrocknete Gemüsebrühe problemlos bis zu einem Jahr.

Tipps

- Weil die Luft zum Trocknen des Gemüses zirkulieren muss, lässt sich das Rezept nur mit einem Backofen mit Heißluftfunktion (Umluft) realisieren.
- Im Winter (oder wenn bei Ihnen die Heizung oder der Kachelofen auf Hochtouren läuft) können Sie das Gemüse auch auf Heizkörpern, die breit genug sind, trocknen. Dazu das zerkleinerte Gemüse auf schmale Streifen Backpapier (etwas schmaler als die Breite des Heizkörpers) streichen und während des Trockenvorgangs gelegentlich vorsichtig wenden. Das Trocknen kann bei dieser Methode 3 – 4 Tage dauern.
- Sehr komfortabel geht das Trocknen in einem Dörrautomaten vonstatten.
- Ich bereite die getrocknete gekörnte Gemüsebrühe oft am Abend zu und lasse die Gemüsezubereitung dann einfach noch über Nacht im geschlossenen und ausgeschalteten Backofen.

Frisches Gemüsebrühekonzentrat

für gut 6 Gläser zu je 350 ml Volumen, insgesamt gut 2,1 l

500 g Staudensellerie (auch das Grün verwenden)
  oder geschälter Knollensellerie
500 g geschälte Karotten
500 g geputzter Lauch
250 g geschälte Pastinaken oder Petersilienwurzeln
250 g geschälte Zwiebeln
125 g glatte Petersilie mit Stängeln
75 g Selleriegrün vom Knollensellerie
5 große geschälte Knoblauchzehen
5 kleine Stängel Liebstöckel
250 – 275 g Meersalz

➤ Das Gemüse grob zerkleinern und mit dem Salz in einer großen Schüssel vermischen (das geht am besten, wenn man dafür die Hände nutzt). Etwa 30 Minuten ruhen lassen, wodurch sich etwas Flüssigkeit bildet.

➤ Das Gemüse mit der Flüssigkeit in mehreren Portionen im Mixbehälter der Küchenmaschine fein zerkleinern (jedoch nicht zu einem Brei pürieren).

➤ Das Gemüse in sterilisierte Schraubdeckelgläser füllen, die Deckel aufsetzen und das Gemüsebrühekonzentrat an einem kühlen, dunklen Ort lagern (nicht im Kühlschrank). Durch das Salz hält sich das Konzentrat mindestens 6 Monate.

➤ Nach dem Anbrechen eines Glases lagert man das Konzentrat am besten im Kühlschrank, wo es mindestens 6 Wochen haltbar ist.

Tipps

• Die im Rezept angegebene Menge Gemüse reicht für sechs Gläser zu je 350 ml und einen kleinen Rest. Füllen Sie diesen Rest entweder in ein entsprechend kleineres Glas oder lagern Sie ihn in einer verschließbaren Kunststoffdose im Kühlschrank und verbrauchen ihn innerhalb von 6 Wochen.

• Geschmackliche Abwechslung bringen Sie in Ihr Gemüsebrühekonzentrat, indem Sie für asiatisches Flair noch geschälten Ingwer, Zitronengras, entkernte Chilischote, oder für mediterranes Aroma noch ein Bund mediterrane Kräuter (wie Thymian, Rosmarin, Salbei, Basilikum, Oregano) mitpürieren.

• Weil das frische Gemüsebrühekonzentrat kalt abgefüllt wird, ist es für eine lange Haltbarkeit immens wichtig, dass die verwendeten Gläser wie auch die Deckel vorher gründlich sterilisiert werden.

Dazu gibt man Gläser und Deckel in einen Topf mit Essigwasser (pro 1 l Wasser 2 – 3 EL Essig), sodass sie ganz von diesem bedeckt sind, bringt das Wasser zum Kochen und lässt Gläser und Deckel 5 – 10 Minuten leicht kochen. Danach kann man den Topf vom Herd nehmen. Die Gläser und Deckel sollten bis zum Befüllen im Wasser bleiben. Um Verbrennungen zu vermeiden, entnimmt man sie am besten mit einer Zange, lässt sie kurz abtropfen und stellt sie zum Befüllen auf ein feuchtes Geschirrtuch.

Gläser und Deckel werden auch keimfrei, indem man sie bei 150 °C etwa 15 Minuten in den Backofen stellt. Aus dem Ofen nimmt man sie ebenfalls mit einer Zange und lässt sie vor dem Befüllen kurz abkühlen.

Alles, was man zum Suppenglück braucht

Notwendiges Suppen-Handwerkszeug

Suppen und Eintöpfe sind dreifach gut: Sie schmecken gut, tun gut und lassen sich gut zubereiten. Um eine richtig gute Suppe zuzubereiten, kann man, muss aber nicht ein Kochprofi sein. Auch Anfänger mit wenig Erfahrung am Herd können ihr Kochglück im Suppentopf finden – vor allem, wenn sie sich an die Schritt-für-Schritt-Anleitungen der Rezepte ab Seite 40 halten. Lassen Sie doch Ihre Familie am Schnibbeln und Köcheln teilhaben und veranstalten Sie ein lustig leckeres Suppen-Happening!

Damit das Suppekochen leicht von der Hand geht und sicher gelingt, benötigen Sie nur wenige Küchenutensilien, von denen sich die meisten mit Sicherheit sowieso schon in Ihren Küchenschränken befinden:

- Zum Schälen und Zerkleinern von Gemüse sowie zum Hacken von Kräutern benötigen Sie ein scharfes **Schälmesser** sowie ein solides **Küchenmesser.** Ein guter **Sparschäler** trennt Kartoffel-, Karotten- und Spargelschalen hauchdünn und vor allem gleichmäßig ab.
- Das Schneiden und Hacken geht am besten auf einem ausreichend großen **Holzschneidebrett** vonstatten.
- Eine verlässliche **Küchenwaage** und ein **Messbecher** mit gut lesbarer Skala stellen sicher, dass Sie die in den Rezepten angegebenen Mengen genau abmessen können.
- Zum Pürieren der Zutaten für Cremesuppen kann eine **Küchenmaschine** oder ein leistungsstarker **Standmixer** dienen. Platzsparend, schnell zu säubern und fix zu verstauen ist jedoch ein Pürierstab, der die weich gekochten Zutaten direkt im Topf fein püriert.
- Beim Kochen von Brühen und Hülsenfrüchten bildet sich oft ein weißlicher Schaum aus freigesetzten Eiweißen und Schwebstoffen auf der Oberfläche. Der Schaum sollte regelmäßig mit einem **Schaumlöffel,** einer **Suppenkelle** oder einem kleinen, feinmaschigen **Sieb** vorsichtig abgenommen werden.
- Um die fertige Brühe abzuseihen, benötigen Sie ein großes, feinmaschiges **Sieb.** Sollten Sie nur einen üblichen Durchschlag haben, können Sie diesen mit einem Mulltuch oder einem dünnen, frisch gewaschenen Geschirrtuch ausschlagen und das gekochte Gemüse darin auffangen.

- Unerlässlich ist natürlich ein guter **Suppentopf.** Er sollte groß genug sein, um alle Zutaten und die Kochflüssigkeit problemlos aufzunehmen. Ich verwende in der Regel einen Fünf-Liter-Topf aus hochwertigem, rostfreiem Edelstahl mit einem stabilen und gut auf der Herdplatte aufliegenden Sandwichboden. Um beim Kochen wertvolle Energie zu sparen, sollte außer beim Anschwitzen immer der Deckel aufgelegt werden. Deckel aus hitze-beständigem und bruchsicherem Glas, die so konstruiert sind, dass das Kondenswasser am Rand abläuft, geben stets Einblick in das Kochgeschehen und sorgen dafür, dass der Deckel möglichst wenig ab-genommen werden muss und dadurch nicht unnötig Hitze entweicht. Verwendet man einen Topf, der optisch etwas hermacht, kann man ihn, ohne die Suppe zum Servieren in eine Schüssel oder Suppenterrine umzufüllen, mit auf den Tisch stellen.
  Für Eintöpfe, die lange schmoren müssen, eignet sich ein emaillierter Gusseisentopf besonders gut. Diese schweren Töpfe brauchen zwar etwas länger, bis sie richtig warm sind, halten und verteilten die Wärme dann jedoch optimal. So lässt sich der Eintopf bei schwacher Hitze und damit bei niedrigem Energieverbrauch perfekt zu Ende garen. Auch das anschließende eventuelle Gratinieren im Backofen ist bei den meisten gusseisernen Töpfen kein Problem, weil die Griffe hitzebeständig sind.
  Ein Schnellkochtopf ist im Küchenalltag ein wertvoller Helfer. Im Vergleich zu anderen Garmethoden lassen sich mit ihm bis zu 50 Pro-zent Energie und bis zu 70 Prozent Zeit sparen. Besonders effizient ist der Schnellkochtopf beim Kochen von Hülsenfrüchten, wo wertvolle Zeit durch den kürzeren Garvorgang und dadurch, dass getrocknete Bohnen, Erbsen und Kichererbsen vorher nicht einweichen müssen, gespart wird.
- Möchten Sie Suppen und Brühe auf Vorrat kochen, benötigen Sie zum Abfüllen und Aufbewahren **Gläser** und **Kunststoffdosen,** die sich mit Deckeln verschließen lassen. Brühefond lässt sich in **Eiswürfelbehäl-tern** einfrieren.
- Falls Sie Ihre Suppenkreationen mit zur Arbeit, in die Schule, Uni oder mit zum Picknick nehmen möchten, benötigen Sie ein ausreichend großes, sicher verschließbares, stabiles **Isoliergefäß,** in das Sie die heiße Suppe füllen.

Zutaten und Tipps für die Suppenküche

Eine Suppe (und auch Brühe) ist immer nur so gut wie die für sie verwendeten Zutaten. Verwendet man minderwertiges Gemüse, welke Kräuter und fertige Instantbrühe, braucht man sich nicht zu wundern, wenn die Suppe nicht so richtig gut mundet. Andererseits kann man mit den richtigen Zutaten leicht eine Spitzensuppe auf den Tisch bringen.

Zum Nachkochen der ab Seite 40 vorgestellten Rezepte besorgt man die benötigten frischen Zutaten also am besten im Garten oder geht dorthin, wo sie angebaut oder hergestellt werden. Vielleicht gibt es einen Hofladen oder einen Bauernhof mit Direktvermarktung ganz in Ihrer Nähe? Eine weitere gute Adresse für knackfrische und hochwertige Zutaten sind die Wochenmärkte, auf denen das ganze Jahr über frisches Obst und Gemüse sowie Kräuter nach Saison angeboten werden. Vielleicht haben Sie auch Lust, Ihrem Bioladen, dem ortsansässigen Gemüsehändler oder dem Biosupermarkt in Ihrer Nähe einen Besuch abzustatten? Auch die meisten Supermärkte bieten Obst und Gemüse in bester Qualität, zum Teil von regionalen Produzenten und in Bioqualität an. Frische Kräuter lassen sich das ganze Jahr auch auf dem Balkon, an einem ausreichend hellen Platz in der Wohnung oder auf der Fensterbank ziehen. So hat man stets einen grünen Frischekick für die Suppe vorrätig.

Beim Einkauf erkennt man knackig frisches Gemüse daran, dass die Blätter und Röschen eine frische, arttypische Färbung aufweisen und nicht welk, braun oder vergilbt sind. Knollengemüse und Wurzelgemüse sollten beim Einkauf fest und knackig, nicht eingefallen oder verschrumpelt sein. Die Schnittflächen an Stängeln sowie an Strünken von Kohl und Kohlrabi sollten hell und nicht verholzt oder braun sein. Gemüsearten mit hohem Wassergehalt wie Auberginen, Paprikaschoten, Tomaten, Zucchini sind am besten, wenn sie noch prall sind und frisch glänzend aussehen.

Hülsenfrüchte in der Suppenküche

Hülsenfrüchte wie getrocknete Bohnen, Erbsen, Kichererbsen und Linsen werden in der kreativen Suppenküche aus gutem Grund gern verwendet: Sie schmecken herzhaft gut, sind sehr sättigend und enthalten jede Menge Eiweiß, komplexe Kohlenhydrate, Ballaststoffe, wertvolle Mineralstoffe wie Eisen, Zink und Magnesium sowie Vitamine wie B-Vitamine und Folsäure. Außerdem sind sie sehr gut lagerfähig. Ihr einziger Nachteil ist, dass man sie relativ lange kochen muss, bevor sie verzehrbar sind. Es gibt jedoch ein paar Tricks, um getrockneten Erbsen, Kichererbsen und Bohnen beim Kochen Beine zu machen. Der erste ist, sie über Nacht (8 bis 12 Stunden) in der drei- bis vierfachen Menge kalten Wasser einzuweichen. Dadurch verringert sich die anschließende Kochzeit um etwa die Hälfte. Verwendet man einen Schnellkochtopf, sind Hülsenfrüchte noch rascher fertig. Anders als beim Garen im normalen Topf brauchen Hülsenfrüchte bei Verwendung des Schnellkochtopfes nicht eingeweicht zu werden. Sollten sie bereits eingeweicht sein und möchte man sie dennoch im Schnellkochtopf garen, sollte man unbedingt das Einweichwasser abgießen und sie mit frischem Wasser aufsetzen. Damit verhindert man, dass die Hülsenfrüchte beim Kochen zu sehr schäumen. Überhaupt sollte man beim Garen von Hülsenfrüchten im Schnellkochtopf darauf achten, den Topf immer nur halb zu füllen, die Hülsenfrüchte zuerst im offenen Topf zum Kochen zu bringen und vor dem Schließen des Topfes abzuschäumen.

Ebenfalls schneller und energiesparender gestaltet sich das Garen von eingeweichten Hülsenfrüchten, wenn man ihnen auch im normalen Topf kein Vollbad gönnt, sondern sie nur fingerbreit mit Flüssigkeit bedeckt und bei geringer Hitze gart.

Weil sich im Einweichwasser je nach Art der Hülsenfrüchte schwer verdauliche Bestandteile ansammeln können, sollte das Einweichwasser weggeschüttet und Bohnen und Co. mit frischem Wasser aufgesetzt werden. Salz, salzhaltige Würzmittel und säurehaltige Zutaten sollten immer erst zum Ende der Garzeit zugegeben werden, weil sie den Garprozess verzögern können.

Ich halte es so, dass ich meist die doppelte oder dreifache Menge benötigter Hülsenfrüchte koche und die übrigen abgekühlten Hülsenfrüchte zur Weiterverwendung bis zu 4 Tage im Kühlschrank aufbewahre. Länger, bis zu 3 Monate, sind gegarte Hülsenfrüchte im Tiefkühlgerät haltbar. Zum Einfrieren gießt man die frisch gekochten Hülsenfrüchte in einen Durchschlag, spült sie gründlich mit klarem Wasser ab und lässt sie sehr gut abtropfen sowie abkühlen. Danach kann man sie portionsweise in Kunststoffdosen mit Deckeln geben und in den Kälteschlaf schicken.

Auftauen lässt man tiefgefrorene Hülsenfrüchte am besten über Nacht im Kühlschrank. Anschließend spült man sie mit klarem Wasser in einem Durchschlag kurz ab, lässt sie gründlich abtropfen und kann sie dann nach Belieben weiterverwenden.

Die folgende Tabelle gibt Aufschluss über die Garzeiten einiger Hülsenfrüchte bei verschiedenen Garmethoden. Bitte beachten Sie, dass die genannten Zeiten nur als Anhaltswerte dienen können.

Garzeiten für Hülsenfrüchte

Garzeiten in Minuten			
	ohne Einweichen	mit Einweichen (12 Stunden)	im Schnellkochtopf ohne Einweichen
Kichererbsen	120 – 150	40 – 90	20 – 30
Erbsen, ungeschält	120 – 150	60 – 90	20 – 30
Erbsen, geschält	45 – 60	20 – 30 (nach 1 – 2 Stunden Einweichzeit)	15 – 20
Kidneybohnen	120 – 150	60 – 90	20 – 30
Weiße Bohnen	120 – 150	60 – 90	20 – 30
braune Linsen	45	Einweichen nicht nötig	10
grüne Linsen	25 – 30	Einweichen nicht nötig	10
rote Linsen	12 – 15 (für Püree 25)	Einweichen nicht nötig	nicht im Schnellkochtopf garen

Salz

Ich hoffe inständig, liebe Leserin und lieber Leser, dass Sie über das Kochbuch, welches Sie gerade in den Händen halten, nicht sagen, es sei wie eine Suppe ohne Salz. Und hoffentlich gönnen Sie mir jetzt, nachdem Sie das Buch gekauft haben, noch das Salz in meiner Suppe. Versichern Sie Ihrem oder Ihrer Liebsten eigentlich regelmäßig, dass er oder sie für Sie das Salz in der Suppe ist?

Bemerken Sie etwas? Salz und Suppe scheinen unzertrennlich zu sein, was in den genannten Redewendungen schon lange zum Ausdruck kommt. Aus gutem Grund, denn erst das rechte Maß an Salz macht eine Suppe richtig schmackhaft. Ganz ohne Salz kann sowohl eine Brühe, Suppe wie auch ein Eintopf fad sein. Ein Zuviel jedoch macht alles ungenießbar.

Um die richtige Menge Salz zu finden, sollten Sie die Suppe zuerst nur vorsichtig salzen. Während des Kochens verdunstet Flüssigkeit, wodurch der Sud salziger wird. Schmecken Sie die Suppe, Brühe oder den Eintopf somit erst kurz vor dem Servieren herzhaft mit Salz und Pfeffer ab.

Suppen als clevere Resteverwertung

Große Mengen Lebensmittel landen im Müll statt im Magen. Wie viele wertvolle Ressourcen und wie viel Geld werden dadurch verschwendet! Das muss nicht sein. Es gibt nämlich Suppen!

Suppen sind wie gemacht für die clevere Resteverwertung. Halten Sie es doch wie Freunde von mir: Dort gibt es freitags immer eine Freitags-Suppe. Diese besteht aus den Zutaten, die sich am Freitagvormittag noch im Kühlschrank befinden, zum Beispiel die schon leicht verschrumpelten Karotten, die Paprika, den Zucchino und die Fenchelknolle, die schon bessere Tage gesehen haben. Diese werden kurzerhand klein geschnitten und landen mit einer geschälten, fein gehackten und kurz angeschwitzten Zwiebel im Suppentopf. Dazu kommt ein guter Liter Gemüsebrühe und das, was sonst noch an Suppentauglichem im Kühlschrank lagert: gekochte Kartoffeln, Nudeln, Hülsenfrüchte oder gekochter Reis vom Vortag. Mit ein paar frischen Kräutern ist auf diese Art schnell eine leckere Restesuppe gekocht.

Leitfaden Restesuppe

Rechnen Sie für Ihre Restesuppe mindestens 1 ¼ l fertige Gemüsebrühe. Dazu kommt 1 mittelgroße Zwiebel und, sofern Sie möchten, 1 Knoblauchzehe, die Sie im heißen Öl anschwitzen. Geputztes Gemüse benötigen Sie in einer Menge von 600 – 700 g. Das Gemüse schneiden Sie klein und schwitzen es kurz im Topf mit der Zwiebel (und dem Knoblauch) an, bevor Sie alles mit der Gemüsebrühe auffüllen.

Aromatisch aufpeppen können Sie die Restesuppe durch 5 EL fein gehackte Kräuter nach Saison, die Sie zum Ende der Kochzeit einrühren. Richtig satt macht die Suppe, wenn Sie noch etwa 250 g gekochte Kartoffeln, Nudeln, gegarten Reis, gegarte Kichererbsen, weiße Bohnen oder Kidneybohnen unterrühren. Werden Sie kreativ und lassen Sie Ihrer Fantasie freien Lauf!

Selbstverständlich können Sie auch Reste von Gemüsearten, die miteinander harmonieren, kurz mit einer Zwiebel in etwas Öl anschwitzen und dann mit so viel Gemüsebrühe auffüllen, bis das Gemüse knapp bedeckt ist. Kochen Sie das Gemüse sehr weich und pürieren Sie alles mit dem Pürierstab. Geben Sie nun so viel Pflanzendrink Ihrer Wahl hinzu, bis die Suppe schön cremig ist. Ein Schuss Pflanzensahne, ein wenig vom selbst gemachten Gemüsebrühekonzentrat (siehe Seite 24 und Seite 25) und fein gehackte Kräuter verfeinern diese Restecremesuppe. Für vier Portionen benötigen Sie gut 1 l fertige Suppe.

Sollten Sie einmal keine Zeit oder Lust haben, aus dem Gemüse, das sehr rasch verbraucht werden sollte, eine Restesuppe zu kochen, können Sie Karotten, Paprika, Lauch, Sellerie, Fenchelknollen, Zucchini, Petersilienwurzeln, Pastinaken, Brokkoliröschen, Blumenkohlröschen, Süßkartoffeln, Kohlrabi oder Kürbis gut 3 Monate im Tiefkühlgerät aufbewahren. Zerkleinern Sie dafür das (nach Bedarf geschälte) Gemüse zum Beispiel mit der Küchenmaschine und geben Sie es portionsweise in verschließbare Kunststoffdosen.

Aufbewahrung von Suppen

Bleiben Reste von Suppe übrig, ist das ein Grund zur Freude, weil sie am nächsten Tag aufgewärmt nochmals gut schmecken. Viele Eintöpfe erreichen ihre geschmackliche Höchstform sogar erst durch das Aufwärmen – finde ich zumindest.

Bis man die Reste erneut auftischt, sollten sie in einem verschlossenen Glas oder einer verschlossenen Kunststoffdose im Kühlschrank gelagert werden, wo sie 3 – 4 Tage haltbar sind. Natürlich kann man in verschließbare Kunststoffdosen abgefüllte Reste auch in das Tiefkühlgerät geben, wo sie bis zu 3 Monate auf ihren nächsten kulinarischen Auftritt warten können. Am besten lässt man tiefgefrorene Suppen schonend im Kühlschrank auftauen und gibt sie anschließend bei knapp mittlerer Temperatur auf den Herd.

Suppen-Pannenhilfe

Es gibt Tage, an denen einem das Schicksal oder der Suppengott nicht gnädig gesonnen ist und beim Suppekochen gehörig etwas schiefgeht. Was man, außer Ruhe zu bewahren, in solch einem Fall machen kann, stelle ich Ihnen im Folgenden kurz vor.

Die Suppe ist...

... angebrannt

Nehmen Sie die Suppe vom Herd. Füllen Sie nun die Suppe mithilfe einer großen Schöpfkelle ohne vorher nochmals umzurühren vorsichtig in einen anderen Topf. Achten Sie darauf, dass Sie nichts vom angebrannten Bodensatz in die Schöpfkelle bekommen.

Schmeckt die Suppe dann noch ein wenig bitter, rühren Sie 1 geschälte, fein geriebene rohe Kartoffel und 2 MSP Zucker unter, die den Geschmack mildern.

Diese Maßnahmen helfen jedoch nur bei leicht angebrannten Suppen. Hat der bittere, angebrannte Geschmack bereits die ganze Suppe durchzogen, ist sie leider nicht mehr zu retten und muss entsorgt werden.

... zu salzig

Falls Sie zufällig frisch verliebt sind und Ihnen vor lauter Glück oder auch aus anderen Gründen die Suppe versalzen ist, können Sie die Suppe noch retten, indem Sie bei klaren Suppen und Brühen etwas mehr Wasser, bei gebundenen Suppen mehr Pflanzendrink oder Pflanzensahne hinzufügen. 1 – 2 geschälte, in die Suppe geriebene rohe Kartoffeln oder 3 – 4 EL eingerührte rohe Reiskörner, die in der Suppe mitgegart werden, können das Schlimmste verhindern, indem sie helfen, mit der in ihnen enthaltenen Stärke die Wirkung des Salzes zu mildern.

... zu dünnflüssig

Lassen Sie klare Suppen weiter einkochen und würzen Sie mit selbst gemachtem Gemüsebrühekonzentrat (siehe Seite 24 und Seite 25) nach.

Bei gebundenen Suppen verrührt man 1 gehäuften TL Speisestärke mit 4 EL kaltem Wasser, gibt die angerührte Speisestärke in die Suppe und lässt die Suppe unter Rühren nochmals kurz aufkochen.

Kochprofis haben im Kühlschrank zum schnellen Andicken eine Rolle »Mehlbutter«, die sich auch mit hochwertiger Margarine zubereiten lässt. Dafür werden helles Weizenmehl und weiche Margarine zu gleichen Teilen verknetet und zu einer Rolle geformt. Diese schlägt man in Klarsichtfolie ein und gibt sie in den Kühlschrank. Zum Binden wird ein Stück der kalten Mehlmargarine von der Rolle abgeschnitten und mit einem Schneebesen in die heiße Suppe eingerührt. Dabei schmilzt die Margarine und die in der Margarine gebundenen Mehlteilchen gehen allmählich und ohne Klümpchen zu bilden in die heiße Suppe über. Damit das Mehl seine volle Bindefähigkeit entfalten kann, sollte die Suppe nochmals 15 Minuten köcheln.

... zu dickflüssig

Strecken Sie die Suppe mit etwas Gemüsebrühe, Pflanzendrink oder Pflanzensahne.

... zu dunkel

Fügen Sie noch etwas Pflanzensahne hinzu.

... zu hell

Halbieren Sie eine geschälte Zwiebel und braten Sie die Zwiebelhälften mit den Schnittflächen nach unten in etwas Öl scharf an, bis die Schnittflächen schön braun sind. Kochen Sie die Zwiebelhälften in der Suppe mit.

... zu fettig

Zu viele Fettaugen auf der Suppe kommen bei veganen Suppen eher selten vor, weil keine tierischen und daher meist sehr fetten Bestandteile verarbeitet werden. Sollte jedoch aus Versehen zu viel Pflanzenöl oder Margarine in die Suppe geraten sein, kann man sich damit behelfen, dass man ein paar Eiswürfel in ein frisches Geschirrtuch gibt und dieses kurz auf die Oberfläche der Suppe legt. Das Fett erstarrt durch die Kälte am Geschirrtuch.

... zu scharf

Wenn Sie beim Abschmecken Ihrer Suppe das Gefühl haben, die Feuerwehr alarmieren zu müssen, hilft nur noch eins: Brühe, Pflanzenmilch oder Pflanzensahne marsch! Geben Sie so viel Flüssigkeit dazu, bis die Suppe entschärft ist. Würzen Sie im Anschluss mit etwas Salz oder selbst gemachtem Gemüsebrühekonzentrat (siehe Seite 24 und Seite 25) nach.

... zu trüb

Gewürze in Form ganzer Gewürzsamen gibt man beim Kochen am besten in ein großes Tee-Ei oder in ein Gewürz-Ei.

... total verkocht

Wenn Suppen mit Gemüse oder Hülsenfrüchten aus Versehen viel zu lange auf dem Herd bleiben und das Gemüse beziehungsweise die Hülsenfrüchte beginnen, zu zerfallen, nimmt man einfach den Pürierstab zur Hand und verwandelt die Suppe in eine Cremesuppe. Diese kann im Anschluss mit etwas Pflanzensahne verfeinert werden.

Suppen-Knigge

Damit Sie beim Suppe-Essen die größten Tücken und Kliffs im Suppenteller elegant umschiffen, möchte ich einige Benimmregeln in Sachen Suppe zitieren. Das Wichtigste vorweg: Lautes Schlürfen und das beliebte »Die-Suppe-kalt-Pusten« gehen gar nicht. Ersteres gehört in China beim Suppe-Essen zwar zum guten Ton, ist im europäischen Kulturkreis jedoch verpönt. Statt zu pusten, rührt man die Suppe besser so lange behutsam mit dem Löffel um, bis sie eine für Zunge und Mund erträgliche Temperatur erreicht hat. Vom Rand aus gelöffelt, ist die Suppe kühler. Den Löffel führt man am besten nicht mit der kompletten Breitseite, sondern nur mit der Spitze voran in den Mund. Um unschönes Kleckern zu vermeiden, sollte der Löffel nicht bis zum Rand gefüllt sein.

Suppentassen mit Henkeln waren ursprünglich nur für klare Suppen (Bouillon) vorgesehen. Heute sieht man selbst in der Spitzengastronomie gern über diese Regel hinweg und serviert mitunter alle Arten von Suppen außer Eintöpfen in Suppentassen. Trotzdem darf der letzte Rest einer Suppe aus einer Suppentasse nur dann getrunken werden, wenn es sich um eine Bouillon handelt. Bevor man die Tasse mit der linken Hand am Henkel zum Mund führt, müssen alle festen Bestandteile mithilfe des Löffels verzehrt sein.

Während das Ankippen eines Suppentellers in Frankreich noch immer als Fauxpas gilt, ist dies in Deutschland inzwischen wieder erlaubt. Am besten ist es, wenn man den Teller schräg nach hinten kippt. Nicht erlaubt ist dagegen, Brot in die Suppe zu tunken oder Reste mit Brot aufzuwischen.

Schwierig wird es, wenn sich größere Gemüsestücke, Einlagen oder Nudeln in der Suppe befinden. Ihnen darf man durchaus mit der Gabel zu Leibe rücken. Wichtig ist jedoch, dass man sie nicht von der Gabel in den Mund führt, sondern sie zuvor von der Gabel auf den Löffel legt.

Apropos Löffel – wo kommt er beim Eindecken korrekterweise eigentlich hin? Früher legte man den Suppenlöffel meist oberhalb des Tellers ab. Heute ist dies der Platz für den Dessertlöffel und die Dessertgabel. Der Suppenlöffel wird dagegen an die äußere rechte Seite, also neben das Messer gelegt. Im Restaurant wird er manchmal auch direkt mit der Suppentasse gebracht.

Ist die Suppe ausgelöffelt, legt man den Löffel nicht in den Teller oder die Tasse. Sein korrekter Platz ist nun auf dem Unterteller oder der Untertasse.

Hinweise zu den Rezepten

Wenn nicht anders angegeben, sind die Rezepte für **4 Personen** berechnet.

Abkürzungen

EL = Esslöffel
TL = Teelöffel
MSP = Messerspitze
Esslöffel und Teelöffel sind beim Messen stets gestrichen gefüllt.

Glutenfreie Rezepte

☀ Mit diesem Symbol gekennzeichnete Rezepte sind glutenfrei. In einigen dieser Rezepte werden verarbeitete Zutaten verwendet, die nicht in jedem Fall glutenfrei sind: Würzsaucen (Chilisauce, Worcestersauce, Sojasauce), Gewürzmischungen, Kräutermischungen, Miso, Essigsorten, Hefeflocken, Speisestärke (sowie gekaufte körnige Gemüsebrühe, wenn Sie diese statt selbst hergestellter Brühe verwenden). Beachten Sie, dass in den Rezepten glutenfreie Produkte gemeint sind. Lesen Sie im Zweifelsfall die Zutatenliste oder wenden Sie sich an den Hersteller.

Weitere Rezepte lassen sich glutenfrei zubereiten, wenn statt der dort angegebenen glutenhaltigen Zutaten, zum Beispiel Nudeln, Getreideflocken, Brot, ein entsprechendes glutenfreies Produkt verwendet wird.

Vegane Zutaten

In den Rezepten werden einige verarbeitete Zutaten wie Sojajoghurt, Brot, Nudeln, Zartbitterschokolade, Essigsorten und Balsamicocreme, einige Kräutermischungen und Gewürzmischungen (getrocknete Pizza-kräuter, Kräuter der Provence, Cayennepfeffer), Würzsaucen (Chilisauce, Worcestersauce, Sojasauce) sowie ein paar ausgewählte alkoholische Getränke verwendet.

Bitte beachten Sie, dass damit Produkte mit ausschließlich pflanzlichen Bestandteilen gemeint sind. Lesen Sie im Zweifelsfall die Zutatenliste oder wenden Sie sich an den Hersteller.

Gewürzmengen

Die Angaben zu den Mengen der verwendeten Gewürze und Kräuter, des verwendeten Knoblauchs und der verwendeten Zwiebeln, Frühlingszwiebeln und Schalotten dürfen Sie als Richtwerte verstehen. Entscheiden Sie bitte im Einzelfall, was Ihnen schmeckt und bekommt und wie viel Sie davon verwenden möchten.

Ich empfehle in meinen Rezepten Meersalz, weil es meiner Meinung nach den Eigengeschmack der Speisen besonders gut zur Geltung bringt. Selbstverständlich können Sie ein anderes Salz verwenden. Bitte dosieren Sie in diesem Fall etwas vorsichtiger als im Rezept angegeben, und würzen Sie lieber nach.

Pflanzliche Milch und Sahne

In den Rezepten wird als pflanzliche Milch vor allem Sojadrink, als pflanzliche Sahne Sojasahne empfohlen. Selbstverständlich steht es Ihnen frei, anstelle von Sojadrink oder Sojasahne ein anderes pflanzliches Produkt wie Reisdrink, Haferdrink, Dinkeldrink, Soja-Reis-Drink, Mandeldrink beziehungsweise Hafersahne, Reissahne, Mandelsahne, Dinkelsahne zu wählen. Verwenden Sie das, was Ihnen am besten schmeckt und gut bekommt.

Zu den Zubereitungszeiten

So unterschiedlich wir Menschen sind, so verschieden ist auch die Art, wie wir kochen. Deshalb weise ich in den meisten meiner Kochbücher nicht explizit auf die Zubereitungszeiten hin. Eine Ausnahme bilden die ab Seite 122 vorgestellten »Suppen für Eilige«. Diese wurden von mir so gestaltet, dass sie unter normalen Arbeits- und Küchenbedingungen in etwa 15 Minuten nachzukochen sind. Wichtig ist, dass Sie sich das Rezept vorher in aller Ruhe durchlesen und vor dem Beginn des Kochens alle benötigten Zutaten sowie Küchenutensilien bereithalten.

Für das Gelingen einiger dieser fixen Suppen ist die Verwendung von Gemüsebrühe notwendig. Diese können Sie kalt zugeben und dazu vorrätige Brühe aus dem Kühlschrank verwenden. Heiße Gemüsebrühe bereiten Sie auf die schnellste Art zu, indem Sie Wasser mit einem Wasserkocher erhitzen und etwas Gemüsebrühekonzentrat (siehe Seite 24 oder Seite 25) im heißen Wasser verrühren.

Brezensuppe
Schmeckt auch im hohen Norden

4 Frühlingszwiebeln
5 – 6 EL Rapsöl
2 altbackene Laugenbrezeln
1 ¼ l heiße Gemüsebrühe
200 g feine grüne Erbsen (frisch gepalt oder tiefgekühlt)
2 TL Weißweinessig
1 MSP frisch geriebene Muskatnuss
4 EL fein gehackter Schnittlauch
Meersalz
frisch gemahlener weißer Pfeffer

➤ Die Frühlingszwiebeln in feine Ringe schneiden und im heißen Öl
anschwitzen.
➤ Die Laugenbrezeln in dünne Scheiben schneiden (etwa 0,5 cm dick).
Zu den Frühlingszwiebeln in den Topf geben und von allen Seiten
schön anbraten.
➤ Die Brühe hinzufügen und alles kurz zum Kochen bringen. Die Tem-
peratur deutlich reduzieren und die Erbsen sowie den Essig und die
Muskatnuss hinzufügen. Alles unter wenig Rühren so lange (kurz)
köcheln lassen, bis die Erbsen bissfest gegart sind.
➤ Den Schnittlauch unterrühren und die Brezensuppe vor dem
Servieren herzhaft mit Salz und Pfeffer abschmecken.

Erbsensuppe aus frischen Erbsen

Für Prinzessinnen und Prinzen

2 kleine Schalotten
2 – 3 EL Rapsöl
2 Kartoffeln
400 ml kalte Gemüsebrühe
1 Zweig Thymian
1 kleiner Zweig Rosmarin
500 g feine grüne Erbsen (frisch gepalt oder tiefgekühlt)
400 ml Sojadrink
1 – 1 ½ EL Weißweinessig
2 TL weißes Sesammus (Tahin)
1 MSP frisch geriebene Muskatnuss
100 ml Sojasahne
4 EL fein gehackte krause Petersilie
Meersalz
frisch gemahlener weißer Pfeffer

➤ Die Schalotten schälen, fein hacken und im heißen Öl anschwitzen.
➤ Die Kartoffeln schälen, fein würfeln und mit der Brühe zu den
  Schalotten in den Topf geben. Alles unter gelegentlichem Rühren
  etwa 10 Minuten köcheln lassen.
➤ Die Thymianblättchen und Rosmarinnadeln von den Zweigen abzupfen. Den Rosmarin und Thymian mit den Erbsen in den Topf
  geben. Alles unter gelegentlichem Rühren nochmals gut 10 Minuten
  köcheln lassen, bis die Erbsen und Kartoffeln weich sind.
➤ Den Topf vom Herd nehmen. Den Sojadrink, Essig, das Sesammus
  und die Muskatnuss hinzufügen. Alles mit dem Pürierstab fein
  cremig pürieren.
➤ Den Topf zurück auf den Herd geben und die Suppe unter Rühren
  kurz zum Kochen bringen. Die Temperatur deutlich reduzieren und
  die Sojasahne sowie Petersilie unterrühren. Die Suppe anschließend
  3 – 4 Minuten ziehen lassen.
➤ Vor dem Servieren herzhaft mit Salz und Pfeffer abschmecken.

Klare Spargelsuppe auf mediterrane Art ☼

Leichter Frühlingsgenuss

8 getrocknete Tomaten
200 ml kochend heißes Wasser
2 Frühlingszwiebeln
3 – 4 EL mildes Olivenöl
250 g weißer Spargel
75 g feine grüne Erbsen (frisch gepalt oder tiefgekühlt)
1 l heiße Gemüsebrühe
1 ½ – 2 EL frisch gepresster Zitronensaft
2 EL fein gehackte krause Petersilie
2 EL fein gehackter Schnittlauch
2 EL fein gehacktes Basilikum
Meersalz
frisch gemahlener weißer Pfeffer

➤ Die Tomaten mit dem Wasser übergießen und etwa 20 Minuten darin ziehen lassen. Das Einweichwasser abgießen, die Tomaten etwas abtropfen lassen und in dünne Streifen schneiden.
➤ Die Frühlingszwiebeln in feine Scheiben schneiden und kurz im heißen Öl anschwitzen.
➤ Den Spargel schälen. Die Köpfe vorsichtig abschneiden und beiseite legen. Die Spargelstangen in etwa 1 cm lange Stücke schneiden. Zu den Frühlingszwiebeln in den Topf geben und kurz anschwitzen.
➤ Die Erbsen, Tomaten und die Brühe hinzufügen. Alles unter Rühren kurz zum Kochen bringen. Die Temperatur deutlich reduzieren und die Spargelköpfe sowie den Zitronensaft zur Suppe geben. Alles etwa 10 weitere Minuten köcheln lassen.
➤ Die Kräuter hinzufügen und die Suppe vor dem Servieren herzhaft mit Salz und Pfeffer abschmecken.

Kohlrabisuppe mit Frühlingskräutern
Frisch und leicht gelöffelt in den Frühling

1 Zwiebel
3 – 4 EL Rapsöl
1 großer Kohlrabi
4 Karotten
1 ½ l heiße Gemüsebrühe
125 g feine grüne Erbsen (frisch gepalt oder tiefgekühlt)
2 EL Weißweinessig
4 EL fein gehackter Schnittlauch
4 EL fein gehackte krause Petersilie
2 EL fein gehackter Kerbel
2 EL fein gehackte Zitronenmelisse
Meersalz
frisch gemahlener weißer Pfeffer

➤ Die Zwiebel schälen, fein hacken und im heißen Öl anschwitzen.
➤ Den Kohlrabi und die Karotten schälen und fein würfeln. Zur Zwiebel in den Topf geben, kurz und kräftig anschwitzen. Die Temperatur reduzieren und das Gemüse so lange unter gelegentlichem Rühren schmoren, bis es knapp bissfest gegart ist.
➤ Die Brühe hinzufügen und die Suppe kurz zum Kochen bringen. Die Erbsen und den Essig hinzufügen, die Temperatur reduzieren und die Suppe so lange köcheln lassen, bis die Erbsen bissfest gegart sind.
➤ Die fein gehackten Kräuter unterrühren und die Suppe anschließend 3 – 4 Minuten ziehen lassen.
➤ Vor dem Servieren herzhaft mit Salz und Pfeffer abschmecken.

Tipp

Falls Sie den Geschmack von Meeresalgen mögen, können Sie zusätzlich 5 EL fein gehackte getrocknete Dulse oder zerstoßene getrocknete Wakame unterrühren. Dadurch erhält die Suppe ein feines maritimes Aroma.

Nudel-Gemüse-Suppe

Schnell gemacht und schön aromatisch

3 Frühlingszwiebeln
3 – 4 EL Olivenöl
2 Karotten
2 rote Paprikaschoten
2 kleine Zucchini
1 ¼ l kalte Gemüsebrühe
150 g kleine Nudeln
    (zum Beispiel kurze Makkaroni,
    Mini-Fusilli, Mini-Farfalle, Hörnchennudeln)
1 EL fein gehackter Oregano
1 TL fein gehackter Thymian
2 – 3 EL milder Weißweinessig
3 EL fein gehackte glatte Petersilie
2 EL fein gehackter Schnittlauch
Meersalz
frisch gemahlener schwarzer Pfeffer

> ➤ Die Frühlingszwiebeln in dünne Ringe schneiden und im heißen Öl anschwitzen.
> ➤ Die Karotten schälen und mittelfein würfeln. Die Paprika vierteln, entkernen und in feine Streifen schneiden. Die Zucchini mittelfein würfeln. Das Gemüse in der Reihenfolge Karotten, Paprika, Zucchini zu den Frühlingszwiebeln in den Topf geben und jeweils kurz anschwitzen.
> ➤ Die Brühe hinzufügen und die Suppe unter Rühren kurz zum Kochen bringen.
> ➤ Die Nudeln mit dem Oregano, Thymian und Essig einrühren. Die Suppe unter gelegentlichem Rühren so lange köcheln lassen, bis die Nudeln bissfest gegart sind. Sollte die Suppe zu sämig werden, noch etwas Brühe oder Wasser hinzufügen.
> ➤ Die Petersilie und den Schnittlauch unterrühren und die Suppe vor dem Servieren herzhaft mit Salz und Pfeffer abschmecken.

Odenwälder Kartoffelsuppe

Geliebte Tradition frisch fruchtig interpretiert

4 Frühlingszwiebeln oder 2 dünne Stangen Lauch
3 – 4 EL Rapsöl
1 kg mehligkochende Kartoffeln
500 ml (alkoholfreier) milder Apfelwein oder trockener Cidre,
   ersatzweise knapp 500 ml naturtrüber, ungesüßter Apfelsaft
   mit 2 EL Weißweinessig
1 großes Lorbeerblatt
1 Stängel Liebstöckel
Meersalz
500 ml Sojadrink
1 Bund Schnittlauch
100 ml Sojasahne
frisch gemahlener weißer Pfeffer

Karotten-Tofu-Garnitur:
2 Karotten
250 g Räuchertofu
4 – 5 EL Rapsöl
Meersalz
frisch gemahlener weißer Pfeffer

➤ Die Frühlingszwiebeln oder den Lauch in dünne Ringe schneiden und im heißen Öl anschwitzen.

➤ Die Kartoffeln schälen, mittelfein würfeln und zu den Frühlings-zwiebeln oder dem Lauch in den Topf geben. Kurz anbraten, dann mit dem Apfelwein oder Cidre ablöschen. Das Lorbeerblatt, den Liebstöckel und 1 TL Salz hinzufügen. Alles kurz zum Kochen bringen. Die Temperatur deutlich reduzieren und das Kartoffel-gemüse gut 20 Minuten sehr weich kochen.

➤ Den Topf vom Herd nehmen und das Lorberblatt sowie den Lieb-stöckel entfernen. Den Sojadrink hinzufügen und das Gemüse mit dem Pürierstab fein cremig pürieren.

➤ Den Schnittlauch fein hacken. Die Suppe zurück auf den Herd geben und nochmals kurz unter Rühren zum Kochen bringen. Die Temperatur deutlich reduzieren, die Sojasahne und den Schnittlauch hinzufügen und die Suppe gut 5 Minuten ziehen lassen.

➤ Mit Salz und Pfeffer abschmecken.

➤ Für die **Karotten-Tofu-Garnitur** die Karotten schälen und fein würfeln. Den Räuchertofu ebenfalls fein würfeln. Den Räuchertofu im heißen Öl in der Pfanne von allen Seiten leicht anbräunen. Die Karotten hinzufügen und alles unter häufigem Rühren so lange schmoren, bis die Karotten bissfest gegart sind. Mit Salz und Pfeffer würzen.

➤ Die Kartoffelsuppe auf Suppenteller verteilen. Die Karotten-Tofu-Garnitur auf die Suppe geben und die Suppe servieren.

Pasta e patate

Perfektes Duo für alle, die Nudeln und Kartoffeln lieben

1 Zwiebel
1 – 2 Knoblauchzehen
3 – 4 EL Olivenöl
4 Kartoffeln (etwa 500 g)
250 g Knollensellerie
2 rote Paprikaschoten
4 große Tomaten
1 TL fein gehackter Majoran
1 TL fein gehackter Thymian
1 großes Lorbeerblatt
1 l kalte Gemüsebrühe
150 g mundgerecht zerbrochene Spaghetti
(oder andere kleine Nudeln wie Gobbetti oder kurze Makkaroni)
4 EL Tomatenmark
1 – 2 EL roter Balsamessig
4 EL fein gehacktes Basilikum
2 EL fein gehackte glatte Petersilie
Meersalz
frisch gemahlener schwarzer Pfeffer

➤ Die Zwiebel und die Knoblauchzehen schälen, fein hacken und im heißen Öl anschwitzen.
➤ Die Kartoffeln und den Knollensellerie schälen und fein würfeln. Die Paprika vierteln, entkernen und in feine Streifen schneiden. Die Tomaten fein würfeln. Die Paprika, Tomaten und den Knollensellerie zum Zwiebelgemüse in den Topf geben und anschwitzen.
➤ Die Kartoffeln, den Majoran und Thymian sowie das Lorbeerblatt hinzufügen. Mit der Brühe ablöschen. Die Suppe unter Rühren kurz zum Kochen bringen. Die Temperatur reduzieren und die Suppe unter gelegentlichem Rühren etwa 15 Minuten köcheln lassen.

➤ Die Spaghetti unterrühren und die Suppe etwa 15 weitere Minuten köcheln lassen, bis die Nudeln bissfest gegart sind. Sollte die Suppe zum Ende der Garzeit sehr sämig sein, noch etwas Brühe hinzufügen.

➤ Das Tomatenmark, den Essig, das Basilikum und die Petersilie unterrühren und die Suppe 5 Minuten ziehen lassen.

➤ Vor dem Servieren das Lorbeerblatt entfernen und die Suppe herzhaft mit Salz und Pfeffer abschmecken.

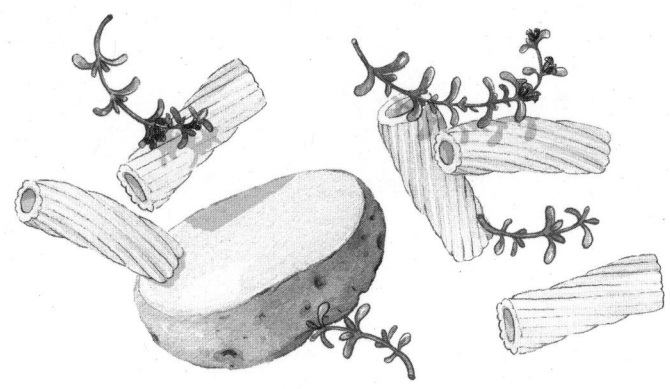

Tomaten-Linsen-Suppe mit indischer Note

Linsengenuss schnell und einfach gemacht

1 Zwiebel
1 große Knoblauchzehe
1 walnussgroßes Stück Ingwer
2 – 3 EL Rapsöl
400 g geschälte Tomaten in Stücken
200 g rote Linsen
800 ml kalte Gemüsebrühe
4 EL Tomatenmark
1 ½ EL Weißweinessig
1 TL mildes Currypulver
1 TL gemahlene Kurkuma
4 EL fein gehackte glatte Petersilie
Meersalz
frisch gemahlene Chiliflocken

➤ Die Zwiebel, die Knoblauchzehe sowie den Ingwer schälen, fein hacken und im heißen Öl anschwitzen.
➤ Das Zwiebelgemüse mit den geschälten Tomaten ablöschen.
➤ Die Linsen sowie Brühe hinzufügen und alles unter Rühren kurz aufkochen. Die Temperatur deutlich reduzieren und die Suppe etwa 15 Minuten köcheln lassen, bis die Linsen bissfest gegart sind.
➤ Das Tomatenmark, den Essig, das Currypulver und die Kurkuma unterrühren. Die Suppe 5 – 10 Minuten ziehen lassen.
➤ Vor dem Servieren die Petersilie unterrühren und die Tomaten-Linsen-Suppe herzhaft mit Salz und Chiliflocken abschmecken.

Tomaten-Paprika-Suppe mit Grünkernschrot

Aromatisch und schön tomatig

65 g Grünkernschrot
1 Zwiebel
1 Knoblauchzehe
2 – 3 EL Olivenöl
2 rote Paprikaschoten
400 g geschälte Tomaten in Stücken
700 ml Wasser
1 ½ EL roter Balsamessig
1 EL fein gehackter Oregano
1 TL fein gehackter Thymian
½ TL mildes Paprikapulver
4 EL Tomatenmark
4 EL fein gehackte glatte Petersilie
Meersalz
frisch gemahlener schwarzer Pfeffer

➤ Den Grünkernschrot im trockenen Topf anrösten, bis er anfängt zu duften. Den Grünkernschrot aus dem Topf nehmen und in eine kleine Schüssel füllen.

➤ Die Zwiebel sowie die Knoblauchzehe schälen, fein hacken und im heißen Öl anschwitzen.

➤ Die Paprika vierteln, entkernen und fein würfeln. Zur Zwiebel und zum Knoblauch in den Topf geben und anschwitzen.

➤ Mit den geschälten Tomaten ablöschen. Den Grünkernschrot und das Wasser hinzufügen. Alles unter Rühren kurz zum Kochen bringen. Die Temperatur deutlich reduzieren und den Essig, Oregano, Thymian und das Paprikapulver unterrühren. Die Suppe unter gelegentlichem Rühren 20 – 25 Minuten köcheln lassen.

➤ Das Tomatenmark und die Petersilie unterrühren und die Suppe etwa 5 weitere Minuten köcheln lassen.

➤ Vor dem Servieren herzhaft mit Salz und Pfeffer abschmecken.

Für feine Feste

Beschwipste Steckrübencremesuppe

Alte Gemüseart pfiffig kombiniert

1 Zwiebel
1 – 2 Knoblauchzehen
3 – 4 EL Olivenöl
750 – 800 g Steckrüben
2 mehligkochende Kartoffeln
250 ml trockener Weißwein,
    ersatzweise knapp 250 ml kalte Gemüsebrühe
    mit 1 EL weißem Balsamessig
250 ml kalte Gemüsebrühe
300 ml Sojadrink
2 EL weißer Balsamessig
125 ml Sojasahne
2 EL fein gehackte glatte Petersilie
2 EL fein gehacktes Basilikum
1 EL fein gehackter Oregano
1 TL fein gehackter Rosmarin
1 TL fein gehackter Thymian
Meersalz
frisch gemahlener weißer Pfeffer

➤ Die Zwiebel und die Knoblauchzehen schälen, mittelfein hacken und im heißen Öl anschwitzen.

➤ Die Steckrübe und die Kartoffeln schälen und mittelfein würfeln. Zur Zwiebel und zum Knoblauch in den Topf geben und kurz anschwitzen. Mit dem Weißwein ablöschen. Die Brühe hinzufügen und das Gemüse unter gelegentlichem Rühren gut 20 Minuten sehr weich kochen.

➤ Den Topf vom Herd nehmen, den Sojadrink hinzufügen und die Suppe fein cremig pürieren.

➤ Den Essig hinzufügen, die Suppe zurück auf den Herd geben und unter Rühren kurz zum Kochen bringen. Die Temperatur deutlich reduzieren, die Sojasahne sowie die Kräuter unterrühren und die Suppe gut 5 Minuten ziehen lassen.

➤ Vor dem Servieren herzhaft mit Salz und Pfeffer abschmecken.

Karottensuppe mit Vanille, Cranberrys und Haselnüssen

Gute Laune für große und kleine Gäste

2 Schalotten
4 – 5 EL Rapsöl
700 g Karotten
1 Kartoffel
1 große unbehandelte Orange
1 MSP gemahlene Gewürznelke
½ Bourbonvanilleschote
500 ml kalte Gemüsebrühe
250 ml Sojadrink
1 EL roter Balsamessig
100 ml Sojasahne
Meersalz
frisch gemahlene Chiliflocken
75 g Haselnusskerne
4 EL getrocknete Cranberrys

➤ Die Schalotten schälen, fein hacken und in 2 – 3 EL heißem Öl anschwitzen.

➤ Die Karotten und die Kartoffel schälen und mittelfein würfeln.

➤ Von der Orange 3 MSP Schale fein abreiben. Die Orange danach so gründlich schälen, dass auch die weiße Haut entfernt wird. Die Orange mittelfein würfeln, dabei alle Kerne entfernen.

➤ Die Karotten, die Kartoffel, Orange, Orangenschale und Gewürznelke zu den Schalotten in den Topf geben.

➤ Das Mark der Vanilleschote auskratzen. Das Mark und die Schote sowie die Brühe in den Topf geben. Alles unter Rühren kurz zum Kochen bringen. Die Temperatur deutlich reduzieren und das Karottengemüse unter gelegentlichem Rühren etwa 25 Minuten sehr weich kochen.

➤ Den Topf vom Herd nehmen. Die Vanilleschote entfernen.
  Das Karottengemüse mit dem Pürierstab fein cremig pürieren.
➤ Den Sojadrink und Essig hinzufügen und nochmals kurz pürieren.
➤ Die Suppe zurück auf den Herd geben und kurz zum Kochen
  bringen. Den Herd ausschalten und die Sojasahne unterrühren.
  Die Suppe herzhaft mit Salz und Chiliflocken abschmecken.
➤ Die Haselnusskerne und Cranberrys grob hacken. In einer kleinen
  Pfanne 2 EL Öl erhitzen. Die Haselnusskerne und Cranberrys in die
  Pfanne geben und 1 – 2 Minuten leicht braten.
➤ Zum Servieren die Suppe auf Suppenteller verteilen und die
  Haselnuss-Cranberry-Mischung darübergeben.

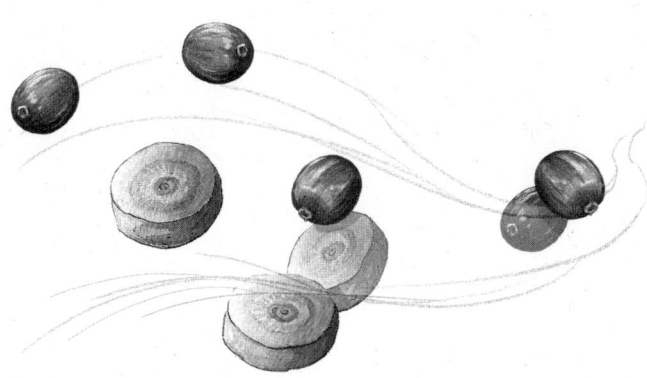

Klare mediterrane Blumenkohlsuppe

Raffinierte Überraschung für Gäste

für etwa 6 Portionen

1 l Wasser
Meersalz
80 g vorgekochte Hartweizenkörner
3 Frühlingszwiebeln
3 – 4 EL Olivenöl
1 kleiner Blumenkohl
3 Tomaten
1 große Stange Staudensellerie
6 – 8 Blätter Salbei
1 l heiße Gemüsebrühe
3 EL Weißweinessig
2 – 3 MSP frisch geriebene Muskatnuss
5 EL fein gehackte glatte Petersilie
Knoblauchpfeffer oder frisch gemahlener weißer Pfeffer

➤ In einem kleinen Topf 500 ml Wasser mit 1 TL Salz zum Kochen bringen. Die Hartweizenkörner einrieseln lassen, die Temperatur reduzieren und die Körner unter gelegentlichem Rühren etwa 10 Minuten bissfest garen. Die Hartweizenkörner in ein Sieb gießen und abtropfen lassen.

➤ Die Frühlingszwiebeln in feine Ringe schneiden und im heißen Öl in einem großen Topf anschwitzen.

➤ Den Blumenkohl in mundgerechte Röschen zerteilen und zu den Frühlingszwiebeln in den Topf geben. Kurz anschwitzen, dann mit den restlichen 500 ml Wasser ablöschen und 1 TL Salz hinzufügen. Den Deckel auflegen und die Blumenkohlröschen unter gelegentlichem Rühren bissfest garen.

➤ Die Tomaten in Spalten schneiden. Den Staudensellerie in feine
Scheiben schneiden. Den Salbei in feine Streifen schneiden. Die
Hartweizenkörner, Tomaten, den Staudensellerie, Salbei und die
Brühe zum Blumenkohl in den Topf geben. Den Essig und die
Muskatnuss hinzufügen. Alles unter wenig Rühren gut 5 weitere
Minuten köcheln lassen.

➤ Die Petersilie unterrühren, die Suppe herzhaft mit Salz und Pfeffer
abschmecken und vor dem Servieren 2 – 3 Minuten ziehen lassen.

Tipp

Lecker schmeckt es auch, wenn Sie kurz vor dem Servieren 5 – 6 EL rotes
Tomatenpesto in die Suppe geben und vorsichtig verrühren.

Mairübchensuppe mit süßsauren Radieschen

Festlicher Tanz in den Mai

2 Frühlingszwiebeln
2 – 3 EL Rapsöl
1 großes Bund Mairübchen (etwa 800 g Mairübchen ohne Grün)
1 große Kartoffel
400 ml kalte Gemüsebrühe
150 ml Sojadrink
1 – 2 EL Apfel-Balsamessig
150 ml Sojasahne
5 EL fein gehackter Schnittlauch
Meersalz
frisch gemahlener weißer Pfeffer

Süßsaure Radieschen:
6 Radieschen
1 EL Roh-Rohrzucker
2 EL Apfel-Balsamessig
2 MSP frisch gemahlener weißer Pfeffer

➤ Für die **süßsauren Radieschen** die Radieschen putzen und fein hobeln.
➤ Den Zucker mit dem Essig und Pfeffer in eine kleine Pfanne geben. Unter Rühren zum Kochen bringen. So lange unter Rühren kochen, bis die Flüssigkeit beginnt, leicht einzudicken. Die Radieschenscheiben hinzufügen, kurz in der Flüssigkeit wenden und die Pfanne vom Herd nehmen.
➤ Für die **Mairübchensuppe** die Frühlingszwiebeln in feine Ringe schneiden und im heißen Öl anschwitzen.
➤ Die Mairübchen und die Kartoffel schälen und mittelfein würfeln. Die Mairübchen zu den Frühlingszwiebeln in den Topf geben und kurz anschwitzen. Die Kartoffelwürfel hinzufügen und mit der Brühe ablöschen.

➤ Die Suppe unter Rühren kurz zum Kochen bringen. Die Temperatur reduzieren und die Suppe unter gelegentlichem Rühren etwa 20 Minuten köcheln lassen, bis das Gemüse weich ist.

➤ Den Topf vom Herd nehmen und das Gemüse mit dem Pürierstab fein cremig pürieren.

➤ Den Sojadrink sowie Essig hinzufügen und nochmals kurz pürieren.

➤ Den Topf zurück auf den Herd geben und die Suppe unter Rühren kurz zum Kochen bringen. Dann die Temperatur deutlich reduzieren. Die Sojasahne und den Schnittlauch unterrühren und die Suppe 2 – 3 Minuten ziehen lassen. Herzhaft mit Salz und Pfeffer abschmecken.

➤ Zum Servieren die Suppe in Suppenteller geben und die Radieschen auf der Suppe verteilen.

Petersilienwurzelsuppe mit Paprika ☼

Schön für Augen und Gaumen

1 Zwiebel
5 – 6 EL Rapsöl
500 g Petersilienwurzeln
300 g Kartoffeln (etwa 3 kleine Kartoffeln)
Meersalz
1 Lorbeerblatt
500 ml heiße Gemüsebrühe
200 ml Sojadrink
1 EL frisch gepresster Zitronensaft
2 MSP fein abgeriebene Zitronenschale
125 ml Sojasahne
1 große rote Paprikaschote
½ TL mildes Paprikapulver
2 MSP scharfes Paprikapulver
2 Stängel Dill
3 EL fein gehackte krause Petersilie
frisch gemahlener weißer Pfeffer

➤ Die Zwiebel schälen, mittelfein hacken und in 3 – 4 EL heißem Öl anschwitzen.

➤ Die Petersilienwurzeln schälen und in dünne Scheiben schneiden. Die Kartoffeln schälen und mittelfein würfeln. Die Petersilien- wurzeln zur Zwiebel in den Topf geben und kurz anschwitzen.

➤ Die Kartoffeln, 1 TL Salz und das Lorbeerblatt zum Gemüse geben. Die Brühe dazugießen und alles unter Rühren kurz zum Kochen bringen. Die Temperatur reduzieren und die Suppe unter gelegent- lichem Rühren etwa 20 Minuten köcheln lassen, bis das Gemüse weich ist.

➤ Den Topf vom Herd nehmen, das Lorbeerblatt entfernen und die Suppe mit dem Pürierstab fein cremig pürieren.

➤ Den Sojadrink, Zitronensaft und die Zitronenschale hinzufügen und nochmals kurz pürieren.

➤ Die Suppe zurück auf den Herd geben und die Sojasahne
unterrühren. Die Suppe gut 5 Minuten ziehen lassen.

➤ In der Zwischenzeit die Paprika vierteln, entkernen und fein
würfeln. In einer kleinen Pfanne 2 EL Öl erhitzen und die Paprika
darin kurz anbraten. Das Paprikapulver und etwas Salz hinzufügen.

➤ Die Dillblättchen von den Stängeln abzupfen und fein hacken.
Den Dill und die Petersilie zur Suppe geben und unterrühren.
Die Suppe herzhaft mit Salz und Pfeffer abschmecken.

➤ Zum Servieren die Suppe in Suppenteller geben und die Paprika-
würfel auf der Suppe verteilen.

Rosenkohlcremesuppe
mit karamellisierten Walnüssen

Eine Wintersuppe zum Verwöhnen

1 Zwiebel
3 – 4 EL Rapsöl
500 g Rosenkohl
300 g mehligkochende Kartoffeln (etwa 3 kleine Kartoffeln)
1 TL Roh-Rohrzucker
500 ml kalte oder heiße Gemüsebrühe
350 ml Sojadrink
2 EL Apfel-Balsamessig
2 MSP frisch geriebene Muskatnuss
100 ml Sojasahne
5 EL fein gehackte krause Petersilie
Meersalz
frisch gemahlener weißer Pfeffer

Karamellisierte Walnüsse:
80 g Walnusskerne
1 EL Rapsöl
2 EL Roh-Rohrzucker
1 EL Wasser
1 EL roter Balsamessig
2 – 3 MSP feines Meersalz
2 – 3 MSP frisch gemahlener weißer Pfeffer

➤ Die Zwiebel schälen, fein hacken und im heißen Öl anschwitzen.
➤ Den Rosenkohl putzen und die Röschen halbieren. Die Kartoffeln schälen und mittelfein würfeln. Den Rosenkohl und die Kartoffeln mit dem Zucker und der Brühe zur Zwiebel in den Topf geben. Alles unter Rühren kurz zum Kochen bringen. Die Temperatur reduzieren und das Gemüse unter gelegentlichem Rühren gut 20 Minuten sehr weich kochen.

- ➤ Den Topf vom Herd nehmen und das Gemüse mit dem Pürierstab fein cremig pürieren.
- ➤ Den Sojadrink hinzufügen und nochmals kurz pürieren.
- ➤ Den Essig und die Muskatnuss unterrühren. Den Topf zurück auf den Herd geben und die Suppe kurz aufkochen. Die Temperatur reduzieren und die Sojasahne und Petersilie unterrühren. Die Suppe 4 – 5 Minuten ziehen lassen. Danach herzhaft mit Salz und Pfeffer abschmecken.
- ➤ Für die **karamellisierten Walnüsse** die Walnusskerne grob hacken. Das Öl in einer kleinen Pfanne erhitzen. Den Zucker hinzufügen und unter Rühren zum Schmelzen bringen. Das Wasser und den Essig hinzufügen. So lange rühren, bis der Zucker anfängt zu karamellisieren. Die Walnusskerne dazugeben, gut mit der Zuckermasse vermischen und mit Salz und Pfeffer würzen.
- ➤ Zum Servieren die Suppe in Suppenteller geben und die Walnüsse darüber verteilen.

Spargelcremesuppe mit Bärlauchpesto

Grüner Frühlingsbote auf edlem Weiß

1 große Schalotte
2 – 3 EL Rapsöl
500 g weißer Spargel
2 Kartoffeln
100 ml trockener Sherry,
    ersatzweise knapp 100 ml kalte Gemüsebrühe
    mit 1 EL Sherry-Essig
300 ml kalte Gemüsebrühe
2 EL frisch gepresster Zitronensaft
½ TL Roh-Rohrzucker
2 MSP frisch geriebene Muskatnuss
200 ml Sojadrink
1 TL Weißweinessig
100 ml Sojasahne
5 EL fein gehackte krause Petersilie
Meersalz
frisch gemahlener weißer Pfeffer

Bärlauchpesto:
100 g Bärlauch
1 kleine Frühlingszwiebel
100 g Haselnusskerne
100 g Mandeln
150 ml kräftige, kalte Gemüsebrühe
5 EL mildes Olivenöl
2 EL Hefeflocken
1 EL frisch gepresster Zitronensaft
1 TL Meersalz
2 – 3 MSP frisch gemahlener weißer Pfeffer

➤ Für das **Bärlauchpesto** die harten Stielansätze des Bärlauchs entfernen und den Bärlauch grob zerkleinern (vorher die Blätter gegebenenfalls trockentupfen). Die Frühlingszwiebel in dünne Ringe schneiden. Die Haselnüsse und Mandeln im Mixbehälter der Küchenmaschine oder im Standmixer grob zerkleinern.

➤ Den Bärlauch, die Frühlingszwiebel, die Brühe, das Öl, die Hefeflocken, den Zitronensaft, Salz und Pfeffer zur Haselnuss-Mandel-Mischung in den Mixbehälter geben. Alles mittelfein zerkleinern, nicht pürieren. Das Pesto soll noch etwas stückig bleiben. Vor dem Servieren etwa 30 Minuten in den Kühlschrank geben.

➤ Für die **Spargelcremesuppe** die Schalotte schälen, fein hacken und im heißen Öl anschwitzen.

➤ Den Spargel schälen, in dünne Scheiben schneiden, zur Schalotte in den Topf geben und kurz anschwitzen.

➤ Die Kartoffeln schälen, fein würfeln und zum Spargel in den Topf geben. Mit dem Sherry ablöschen.

➤ Die Brühe, den Zitronensaft, Zucker und die Muskatnuss hinzufügen und alles unter Rühren kurz zum Kochen bringen. Die Temperatur reduzieren und das Gemüse etwa 20 Minuten unter gelegentlichem Rühren sehr weich kochen.

➤ Den Topf vom Herd nehmen und das Gemüse mit dem Pürierstab fein cremig pürieren.

➤ Den Sojadrink und Essig hinzufügen und nochmals kurz pürieren.

➤ Die Suppe zurück auf den Herd geben und etwa 5 Minuten köcheln lassen. Sojasahne und Petersilie unterrühren, die Suppe 2 – 3 Minuten ziehen lassen und herzhaft mit Salz und Pfeffer abschmecken.

➤ Zum Servieren die Suppe auf Suppenteller verteilen und auf jede Portion (mindestens) 2 EL Bärlauchpesto geben.

Tipps

• Das Pesto schmeckt am besten, wenn es gut durchgezogen ist, weshalb man es prima am Vortag zubereiten kann.

• Weil dem Pesto nur wenig Öl hinzugefügt wird, sollte es in einem verschlossenen Glas im Kühlschrank aufbewahrt und innerhalb von 4 Tagen aufgebraucht werden.

Süßkartoffelsuppe mit Karotten und Paprika

Farben wie die strahlende Sonne

1 Zwiebel
1 – 2 Knoblauchzehen
1 walnussgroßes Stück Ingwer
½ – 1 frische rote Chilischote
4 – 5 EL Olivenöl
2 große Süßkartoffeln (etwa 900 g)
500 ml kalte Gemüsebrühe
1 Lorbeerblatt
2 Karotten
2 rote Paprikaschoten
½ TL Roh-Rohrzucker
Meersalz
2 EL roter Balsamessig
150 ml Sojadrink
1 TL gemahlene Kurkuma
4 EL fein gehackte glatte Petersilie

➤ Die Zwiebel, die Knoblauchzehen sowie den Ingwer schälen und grob hacken. Die Chilischote der Länge nach halbieren und die Samen entfernen. Danach die Chilischote grob würfeln.
➤ Die Zwiebel, die Knoblauchzehen, den Ingwer und die Chilischote in 2 – 3 EL heißem Öl anschwitzen.
➤ Die Süßkartoffeln schälen und mittelfein würfeln. In den Topf zum Zwiebelgemüse geben und kurz anschwitzen.
➤ Mit der Brühe ablöschen. Das Lorbeerblatt hinzufügen. Alles unter Rühren kurz zum Kochen bringen. Die Temperatur deutlich reduzieren und das Gemüse gut 20 Minuten unter gelegentlichem Rühren köcheln lassen, bis die Süßkartoffeln weich sind.

➤ In der Zwischenzeit die Karotten schälen und fein würfeln. Die Paprika vierteln, entkernen und ebenfalls fein würfeln. In einer Pfanne 2 EL Öl erhitzen. Die gewürfelten Karotten und Paprika sowie den Zucker und ½ TL Salz hinzufügen und alles so lange schmoren, bis das Gemüse bissfest gegart ist. Den Essig unterrühren.

➤ Den Topf mit dem weich gekochten Süßkartoffelgemüse vom Herd nehmen. Den Sojadrink und die Kurkuma hinzufügen und alles mit dem Pürierstab fein cremig pürieren.

➤ Das Karotten-Paprika-Gemüse aus der Pfanne zur Süßkartoffelsuppe in den Topf geben und unterrühren. Die Suppe zurück auf den Herd geben. Gut 5 Minuten ziehen lassen, dann die fein gehackte Petersilie unterrühren.

➤ Die Suppe vor dem Servieren herzhaft mit Salz abschmecken.

Zucchini-Rettich-Suppe ☼ mit Schmoreinlage

Ungewöhnliche Kombination, toller Geschmack

1 große Schalotte
4 – 6 EL mildes Olivenöl
800 g kleine Zucchini (etwa 4 kleine Zucchini)
450 g weißer Rettich
500 ml kalte Gemüsebrühe
2 Kartoffeln
2 EL weißer Balsamessig
4 – 5 EL Sonnenblumenkerne
3 große Knoblauchzehen
4 Zweige (Zitronen-)Thymian
Meersalz
frisch gemahlener weißer Pfeffer
300 ml Sojasahne
1 kleines Bund Schnittlauch

➤ Die Schalotte schälen, fein hacken und in 2 – 3 EL heißem Öl anschwitzen.

➤ Einen Zucchino für die Schmoreinlage beiseite legen. Die restlichen Zucchini mittelfein würfeln. Vom Rettich 250 g für die Schmor-einlage beiseite legen. Den restlichen Rettich schälen, mittelfein würfeln und mit den Zucchini zur Schalotte in den Topf geben. Das Gemüse kurz anschwitzen, dann mit der Brühe ablöschen.

➤ Die Kartoffeln schälen, mittelfein würfeln und mit dem Essig zum Gemüse in den Topf geben. Die Suppe unter Rühren kurz zum Kochen bringen. Die Temperatur reduzieren und die Suppe unter gelegentlichem Rühren etwa 20 Minuten köcheln lassen, bis das Gemüse weich ist.

➤ In der Zwischenzeit die Sonnenblumenkerne in einer trockenen Pfanne kurz anrösten, bis sie duften. Aus der Pfanne nehmen und abkühlen lassen.

- ➤ Den beiseite gelegten Zucchino fein würfeln. Den beiseite gelegten Rettich schälen und ebenfalls fein würfen. Die Knoblauchzehen schälen und leicht andrücken.
- ➤ In die Pfanne 2 – 3 EL Öl geben und den Knoblauch darin kurz anschwitzen. Die Zucchiniwürfel und Rettichwürfel sowie die Thymianzweige hinzufügen und alles so lange unter gelegentlichem Rühren schmoren, bis das Gemüse bissfest gegart ist. Mit Salz und Pfeffer würzen.
- ➤ Den Topf mit dem weich gekochten Gemüse vom Herd nehmen und das Gemüse mit dem Pürierstab fein cremig pürieren.
- ➤ Die Sojasahne hinzufügen und alles nochmals kurz pürieren.
- ➤ Die Suppe zurück auf den Herd geben, das Schmorgemüse aus der Pfanne (ohne die Knoblauchzehen und Thymianzweige) hinzufügen und alles nochmals gründlich erhitzen, aber nicht mehr kochen.
- ➤ Den Schnittlauch fein hacken und 2 EL davon beiseite legen. Den restlichen Schnittlauch in die Suppe geben. Die Suppe herzhaft mit Salz und Pfeffer abschmecken.
- ➤ Die Suppe auf Suppenteller verteilen. Die Sonnenblumenkerne darübergeben und mit dem Schnittlauch überstreut servieren.

Für die zünftige Party

Borschtsch ☼

Rote Bete in klassischer Bestform

für etwa 6 Portionen

1 große Zwiebel
5 – 6 EL Rapsöl
1 Stange Lauch
3 Karotten
500 g Rote Beten
500 g Kartoffeln (etwa 4 Kartoffeln)
500 g Weißkohl
1 TL Roh-Rohrzucker
1 ¼ l kalte Gemüsebrühe
2 Lorbeerblätter
1 Bund Dill
3 EL Weißweinessig
Meersalz
frisch gemahlener schwarzer Pfeffer

➤ Die Zwiebel schälen, fein hacken und in einem großen Topf im heißen Öl anschwitzen.

➤ Den Lauch in feine Ringe schneiden. Die Karotten schälen und in dünne Scheiben schneiden. Die Roten Beten und Kartoffeln schälen und mittelfein würfeln, den Weißkohl in feine Streifen schneiden (diese drei Gemüsearten benötigt man im Mengenverhältnis 1:1:1).

➤ Das Gemüse in der Reihenfolge Lauch, Karotten, Rote Beten, Weißkohl, Kartoffeln zur Zwiebel geben und jeweils kurz anschwitzen. Den Zucker unterrühren und mit der Brühe ablöschen.

➤ Die Lorbeerblätter hinzufügen und den Eintopf unter Rühren kurz zum Kochen bringen. Die Temperatur reduzieren und den Eintopf unter gelegentlichem Rühren gut 30 Minuten köcheln lassen, bis das Gemüse bissfest gegart ist.

➤ Den Dill fein hacken, mit dem Essig in den Eintopf rühren und etwa 10 weitere Minuten köcheln lassen. Vor dem Servieren die Lorbeerblätter entfernen und den Eintopf herzhaft mit Salz und Pfeffer abschmecken. Auf jede Portion 2 gehäufte EL Cashew Sour Cream (siehe Seite 177) geben, falls gewünscht.

Bunte Gemüsesuppe mit Kokosmilch

Kulinarischer Gruß aus Fernost

4 Frühlingszwiebeln
1 – 2 Knoblauchzehen
1 walnussgroßes Stück Ingwer
½ – 1 frische rote Chilischote
3 – 4 EL Erdnussöl oder Rapsöl
4 Karotten
2 rote Paprikaschoten
1 kleiner Zucchino
250 g braune Champignons
1 Stängel Zitronengras
400 ml kalte Gemüsebrühe
2 EL frisch gepresster Limettensaft
3 MSP fein abgeriebene Limettenschale
2 TL gemahlene Kurkuma
400 ml Kokosmilch
5 EL fein gehackte Korianderblätter
Meersalz

➤ Die Frühlingszwiebeln in feine Ringe schneiden. Den Knoblauch sowie Ingwer schälen und fein hacken. Die Chilischote der Länge nach halbieren. Die Samen entfernen und die Chilischote fein hacken.

➤ Das Öl in einem Suppentopf erhitzen und die Frühlingszwiebeln, Knoblauchzehen, Chilischote und den Ingwer darin anschwitzen.

➤ Die Karotten schälen und in dünne Stifte schneiden. Die Paprika vierteln, entkernen und in dünne Streifen schneiden. Den Zucchino mittelfein würfeln. Die Champignons mit feuchtem Küchenpapier säubern und in Scheiben schneiden.

➤ Das Gemüse in der Reihenfolge Karotten, Paprika, Zucchino, Champignons zum Zwiebelgemüse in den Topf geben und jeweils kurz anschwitzen.

- Das untere Ende des Zitronengrasstängels mit einem stumpfen Gegenstand etwas breit klopfen. Das Zitronengras mit der Brühe in den Topf geben.
- Alles unter Rühren kurz zum Kochen bringen. Die Temperatur reduzieren und die Suppe unter gelegentlichem Rühren so lange köcheln lassen, bis das Gemüse bissfest gegart ist.
- Das Zitronengras entfernen. Den Limettensaft, die Limettenschale, Kurkuma und Kokosmilch unterrühren. Die Suppe gut erhitzen, aber nicht mehr kochen.
- Zum Servieren den Koriander unterrühren und die Suppe herzhaft mit Salz abschmecken.

Tipps

- Falls Sie oder Ihre Gäste keinen Koriander mögen, können Sie diesen durch glatte Petersilie ersetzen.
- Noch aromatischer wird die Suppe, wenn Sie jede Portion vor dem Servieren mit 1 ½ EL geröstetem Sesamöl überträufeln.

Chili con tofu

Der Partyklassiker passt immer

für gut 6 Portionen

450 g getrocknete Kidneybohnen
Wasser zum Einweichen und Garen der Kidneybohnen
2 rote Zwiebeln
2 – 3 Knoblauchzehen
5 – 6 EL Olivenöl
1 frische rote Chilischote
400 g Naturtofu
3 rote Paprikaschoten
3 EL Sojasauce
1 EL ungesüßtes Kakaopulver
800 g geschälte Tomaten in Stücken
500 ml kalte oder heiße Gemüsebrühe
2 Lorbeerblätter
3 EL fein gehackter Oregano
3 MSP gemahlener Kreuzkümmel
3 MSP gemahlener Koriander
2 TL mildes Paprikapulver
85 g Walnusskerne
½ Bund glatte Petersilie
Meersalz

➤ Die Kidneybohnen in reichlich Wasser über Nacht einweichen. Das Einweichwasser abgießen und die Bohnen mit frischem Wasser aufsetzen. Unter gelegentlichem Rühren gut 60 Minuten köcheln lassen, bis die Bohnen bissfest gegart sind. Die Bohnen in einen Durchschlag geben, mit klarem Wasser abspülen und abtropfen lassen.

➤ Die Zwiebeln und Knoblauchzehen schälen, fein hacken und im heißen Öl in einem großen Topf anschwitzen.

➤ Die Chilischote der Länge nach halbieren, die Samen entfernen und die Chilischote fein hacken. Zur Zwiebel und zum Knoblauch in den Topf geben und kurz anschwitzen.

➤ Den Tofu kurz mit klarem Wasser abspülen, in Küchenpapier einschlagen und die überschüssige Flüssigkeit vorsichtig mit den Händen auspressen. Danach den Tofu zwischen den Fingern fein zerkrümeln. Zum Zwiebelgemüse in den Topf geben und kurz anschwitzen.

➤ Die Paprika vierteln, entkernen, in dünne Streifen schneiden, zum Zwiebelgemüse geben und anschwitzen. Die Sojasauce und das Kakaopulver unterrühren.

➤ Die Bohnen, Tomaten, Brühe sowie die Lorbeerblätter, den Oregano, Kreuzkümmel, Koriander und das Paprikapulver hinzufügen. Das Chili unter Rühren kurz zum Kochen bringen, danach die Temperatur deutlich reduzieren.

➤ Die Walnusskerne fein hacken und zum Chili geben. Das Chili unter gelegentlichem Rühren gut 30 Minuten köcheln lassen. Sollte das Chili zum Ende der Kochzeit am Topfboden ansetzen, noch etwas Brühe hinzufügen.

➤ Die Petersilie fein hacken und zum Chili geben.

➤ Zum Servieren herzhaft mit Salz abschmecken.

Tipps

• Das Chili lässt sich gut am Vortag zubereiten und prima aufwärmen.

• Falls Sie Ihr Chili ausgesprochen »feurig« lieben, können Sie 2 Chilischoten verwenden oder mit roter Chilisauce nachwürzen.

• Wenn Sie keine Lust verspüren, die Walnüsse mit dem Messer fein zu hacken, dann übernehmen Sie doch diesen Trick aus meiner Urlaubs-Campingküche: Geben Sie die Walnusskerne in einen Gefrierbeutel und verschließen Sie diesen mit einem stabilen Knoten. Fahren Sie nun mit einer dickwandigen Flasche oder einem Nudelholz über die Walnusskerne, bis diese fein zerkrümelt sind. Fertig!

Dinner-for-One-Suppe ☀

Ein Muss für jede Silvesterfete

für gut 6 Portionen

150 g (Vollkorn-)Basmatireis
Meersalz
etwa 300 ml Wasser
2 große Zwiebeln
2 – 3 Knoblauchzehen
1 walnussgroßes Stück Ingwer
3 – 4 EL Rapsöl
600 g (ungeschälter) Hokkaidokürbis ohne Kerne
1 große Karotte
1 große Kartoffel
1 Apfel
100 g rote Linsen
2 TL mildes Currypulver
1 TL scharfes Currypulver
900 ml kalte Gemüsebrühe
150 ml Sojasahne
1 – 2 EL Worcestersauce
4 – 5 EL fein gehackter Schnittlauch

➤ Den Reis, ½ TL Salz sowie das Wasser in einen kleinen Topf geben und den Reis unter gelegentlichem Rühren bissfest garen.
➤ Die Zwiebeln, Knoblauchzehen und den Ingwer schälen, mittelfein hacken und in einem großen Suppentopf im heißen Öl anschwitzen.
➤ Den Kürbis mittelfein würfeln. Die Karotte schälen und in dünne Scheiben schneiden. Die Kartoffel schälen und mittelfein würfeln. Den Apfel entkernen und mittelfein würfeln.

➤ Den Kürbis, Apfel, die Karotte, Kartoffel sowie die Linsen in den Topf zum Zwiebelgemüse geben. Das Currypulver und 1 TL Salz unterrühren.

➤ Die Brühe zum Gemüse geben und das Linsengemüse unter gelegentlichem Rühren 40 – 50 Minuten sehr weich kochen.

➤ Den Topf vom Herd nehmen und die Gemüsezubereitung mit dem Pürierstab fein cremig pürieren.

➤ Den gegarten Reis hinzufügen, die Suppe zurück auf den Herd geben und nochmals kurz zum Kochen bringen. Die Temperatur deutlich reduzieren und die Sojasahne, Worcestersauce und den Schnittlauch unterrühren. Die Suppe 4 – 5 Minuten ziehen lassen.

➤ Herzhaft mit Salz abschmecken und servieren.

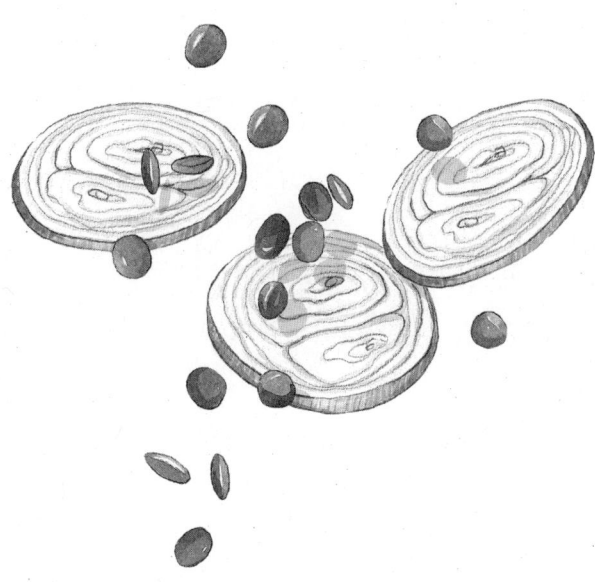

Griechische Bohnensuppe

Da sagt auch Göttervater Zeus nicht nein

für etwa 6 Portionen

350 g getrocknete weiße Bohnen
Wasser zum Einweichen und Garen der weißen Bohnen
1 große Zwiebel
2 – 3 Knoblauchzehen
4 – 5 EL Olivenöl
3 Karotten
3 Stangen Staudensellerie
5 Tomaten (gut 600 g)
600 ml kalte oder heiße Gemüsebrühe
5 Zweige Thymian
1 Zweig Majoran
1 Zweig Rosmarin
1 Stängel Bohnenkraut
2 Stängel glatte Petersilie
4 EL Tomatenmark
½ Bund glatte Petersilie
Meersalz
frisch gemahlener schwarzer Pfeffer
Olivenöl zum Überträufeln

➤ Die Bohnen über Nacht in reichlich Wasser einweichen. Das Einweichwasser abgießen, die Bohnen mit frischem Wasser aufsetzen und etwa 60 Minuten bissfest garen. Die Bohnen in einen Durchschlag gießen, mit klarem Wasser abspülen und abtropfen lassen.

➤ Die Zwiebel und die Knoblauchzehen schälen, fein hacken und im heißen Öl anschwitzen.

➤ Die Karotten schälen, in dünne Scheiben schneiden. Den Staudensellerie ebenfalls in dünne Scheiben schneiden. Die Karotten und den Staudensellerie zur Zwiebel und zum Knoblauch in den Topf geben und kurz anschwitzen.

➤ Die Tomaten mittelfein würfeln, in den Topf geben und ebenfalls kurz anschwitzen.

➤ Die Bohnen und Brühe hinzufügen. Die Suppe unter Rühren kurz aufkochen, dann die Temperatur deutlich reduzieren.

➤ Den Thymian, Majoran, Rosmarin, das Bohnenkraut und die beiden Stängel Petersilie zu einem Sträußchen zusammenbinden und in den Topf geben. Die Suppe unter gelegentlichem Rühren etwa 40 Minuten köcheln lassen.

➤ Die Petersilie fein hacken. Das Kräutersträußchen aus der Suppe entfernen. Das Tomatenmark und die gehackte Petersilie unterrühren. Die Suppe herzhaft mit Salz und Pfeffer abschmecken.

➤ Die Suppe in Suppenteller oder Suppentassen geben und vor dem Servieren mit etwas Olivenöl überträufeln.

Tipp

Nehmen Sie die Suppe doch als Anlass, ein griechisches Fest zu feiern: Servieren Sie zu dieser würzigen Suppe nach Belieben Fladenbrot, Kalamata-Oliven, eingelegte grüne Peperoni, gefüllte Weinblätter, Auberginenpaste und Frappé (griechischen Eiskaffee). Und zum Abschluss ein Schlückchen Ouzo!

Klare Knoblauchsuppe

Schützt zu Mitternacht vor Vampiren

8 – 10 große Knoblauchzehen
   (falls erwünscht auch mehr, bis zu einer ganzen Knolle)
1 frische kleine rote Chilischote
5 – 7 EL Olivenöl
1 ½ l kalte Gemüsebrühe
6 große Blätter Salbei
2 Zweige Thymian
1 kleiner Zweig Rosmarin
1 kleiner Zweig Majoran
½ kleine unbehandelte Zitrone
½ TL schwarze Pfefferkörner
2 Gewürznelken
1 Lorbeerblatt
Meersalz
½ Bund glatte Petersilie
1 – 2 EL frisch gepresster Zitronensaft
Cayennepfeffer
8 Scheiben Baguette oder Ciabatta (etwa 125 g)
4 EL fein gehackter Schnittlauch

➤ Die Knoblauchzehen schälen und grob hacken. Die Chilischote der Länge nach halbieren und die Samen entfernen. Die Chilischote und die Knoblauchzehen in 2 – 3 EL Öl in einem Suppentopf anschwitzen, bis der Knoblauch ein wenig Farbe angenommen hat. Darauf achten, dass der Knoblauch nicht zu braun wird, weil er dann bitter schmeckt.

➤ Mit der Brühe ablöschen.

➤ Die Salbeiblätter, den Thymian, Rosmarin, Majoran sowie die Zitrone, Pfefferkörner, Gewürznelken, das Lorbeerblatt und 2 TL Salz in den Topf geben.

- Die Suppe kurz zum Kochen bringen, dann die Temperatur deutlich reduzieren und die Suppe unter gelegentlichem Rühren etwa 45 Minuten köcheln lassen. Nach etwa 15 Minuten die Zitrone entfernen.
- Die Suppe durch ein feines Sieb gießen und die klare Brühe auffangen. Die Knoblauchbrühe zurück in den Topf geben.
- Die Petersilie fein hacken und mit dem Zitronensaft unter die Suppe rühren. Die Suppe gut 5 Minuten ziehen lassen, dann mit noch etwas Salz sowie Cayennepfeffer herzhaft abschmecken.
- In einer Pfanne 3 – 4 EL Öl erhitzen. Die Brotscheiben darin von beiden Seiten goldbraun rösten.
- Die Baguettescheiben auf Suppenteller verteilen und mit der Suppe übergießen. Den gehackten Schnittlauch darübergeben und die Suppe servieren.

Tipp

Falls Sie keinen Cayennepfeffer (der eine Gewürzmischung ist) verwenden möchten, können Sie die Suppe auch mit frisch gemahlenem schwarzen Pfeffer würzen.

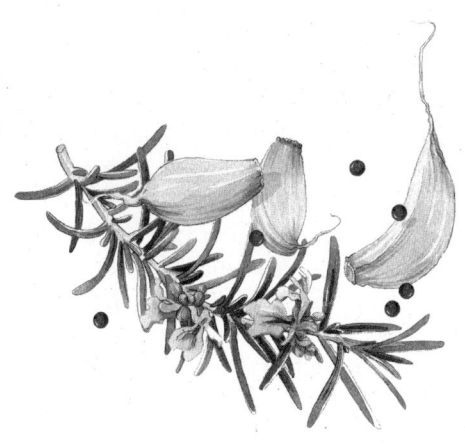

Mangoldsuppe mit Kichererbsen ☼
Für die fröhliche Runde

1 große rote Zwiebel
1 – 2 Knoblauchzehen
3 – 4 EL Olivenöl
500 g Mangold
400 g geschälte Tomaten in Stücken
750 ml kalte Gemüsebrühe
2 EL Rotweinessig
1 EL fein gehackter Oregano
1 EL fein gehackter Thymian
3 MSP fein gemahlener Koriander
3 MSP fein gemahlener Kreuzkümmel
3 MSP frisch gemahlener weißer Pfeffer
3 MSP fein abgeriebene Zitronenschale
250 g gegarte Kichererbsen
4 EL Tomatenmark
2 TL weißes Sesammus (Tahin)
5 EL fein gehackte glatte Petersilie
Meersalz
rote Chilisauce

➤ Die Zwiebel und die Knoblauchzehen schälen, fein hacken und im heißen Öl anschwitzen.
➤ Die Mangoldblätter von den weißen Blattrippen trennen und in dünne Streifen schneiden. Die härteren Rippen in dünne Stücke schneiden, zur Zwiebel und zum Knoblauch in den Topf geben und so lange schmoren, bis sie knapp bissfest gegart sind.
➤ Die Mangoldblätter, Tomaten und Brühe hinzufügen.
➤ Den Essig sowie Oregano, Thymian, Koriander, Kreuzkümmel, Pfeffer und die Zitronenschale unterrühren und die Suppe unter Rühren kurz zum Kochen bringen. Die Temperatur reduzieren, die Kichererbsen, das Tomatenmark und Sesammus hinzufügen. Die Suppe 8 – 10 Minuten unter gelegentlichem Rühren köcheln lassen.
➤ Die Petersilie unterziehen und die Suppe zum Servieren herzhaft mit Salz und Chilisauce abschmecken.

Zwiebelsuppe ☼

Würziger Muntermacher für die zweite Hälfte der Nacht

700 g etwa gleich große weiße Zwiebeln
4 – 5 EL Olivenöl
1 EL Roh-Rohrzucker
Meersalz
3 – 4 EL milder Weißweinessig
250 ml trockener Weißwein,
*   ersatzweise knapp 250 ml kalte Gemüsebrühe*
*   mit 1 – 2 EL Weißweinessig*
2 Lorbeerblätter
2 MSP Fenchelsamen
1 MSP gemahlener Kümmel
4 EL Maismehl
900 ml Wasser
1 EL fein gehackter Oregano
1 TL fein gehackter Thymian
½ Bund glatte Petersilie
frisch gemahlener schwarzer Pfeffer

➤ Die Zwiebeln schälen, halbieren und in feine Halbmonde schneiden. Das Öl im Topf erhitzen. Die Zwiebeln hinzufügen und kurz scharf anbraten. Die Temperatur reduzieren und den Zucker, 1 TL Salz und 1 EL Essig hinzufügen. Die Zwiebeln unter gelegentlichem Rühren gut 15 Minuten schmoren, bis sie weich und leicht gebräunt sind.

➤ Den Weißwein, die Lorbeerblätter, Fenchelsamen und den Kümmel hinzufügen und alles etwa 10 Minuten köcheln lassen.

➤ Das Zwiebelgemüse mit dem Mehl überstäuben, dann das Mehl unterrühren. Das Wasser, 2 – 3 EL Essig, den Oregano und Thymian hinzufügen und die Suppe unter Rühren kurz zum Kochen bringen. Die Temperatur deutlich reduzieren und die Suppe unter gelegentlichem Rühren etwa 20 Minuten köcheln lassen. Sollte sie zum Ende der Kochzeit sehr sämig sein, noch etwas Wasser hinzufügen.

➤ Die Petersilie fein hacken und zur Suppe geben. Die Suppe 2 – 3 Minuten ziehen lassen. Die Lorbeerblätter entfernen und die Suppe zum Servieren herzhaft mit Salz und Pfeffer abschmecken.

Für den großen Hunger

Aubergineneintopf mit roten Linsen

Mit Salbei für das gewisse Extra

4 Frühlingszwiebeln
2 Knoblauchzehen
4 – 5 EL Olivenöl
2 Karotten
1 große Fenchelknolle
2 Auberginen
5 – 6 Blätter Salbei
150 g rote Linsen
400 g geschälte Tomaten in Stücken
250 ml kalte oder heiße Gemüsebrühe
1 TL mildes Paprikapulver
4 – 5 EL fein gehackte glatte Petersilie
Meersalz
frisch gemahlener schwarzer Pfeffer

➤ Die Frühlingszwiebeln in feine Ringe schneiden. Den Knoblauch schälen und fein hacken. Beides im heißen Öl anschwitzen.
➤ Die Karotten schälen und in feine Scheiben schneiden. Von der Fenchelknolle das Fenchelgrün (falls vorhanden) abschneiden und beiseite legen. Die Fenchelknolle vierteln, den harten Strunk heraus-schneiden und die Fenchelknolle mittelfein würfeln. Die Auberginen ebenfalls mittelfein würfeln. Den Salbei fein hacken.
➤ Das Gemüse in der Reihenfolge Karotten, Fenchel, Auberginen zur Zwiebel-Knoblauch-Mischung in den Topf geben und kurz an-schwitzen. Die Linsen unterrühren und mit den Tomaten ablöschen.
➤ Die Brühe zum Gemüse geben und den Eintopf unter Rühren kurz zum Kochen bringen. Die Temperatur reduzieren, den Salbei und das Paprikapulver hinzufügen und den Eintopf gut 15 Minuten unter gelegentlichem Rühren köcheln lassen, bis die Linsen weich sind. Sollten die Linsen zum Ende der Kochzeit am Topfboden ansetzen, noch etwas Brühe hinzufügen.
➤ Petersilie sowie (falls vorhanden) das fein gehackte Fenchelgrün unterrühren und den Eintopf 3 – 4 Minuten ziehen lassen.
➤ Vor dem Servieren herzhaft mit Salz und Pfeffer abschmecken.

Brauner Linseneintopf

Der Klassiker für alle Linsenfans

für etwa 6 Portionen

1 große Zwiebel
3 – 4 EL Rapsöl
1 Stange Lauch
100 g Knollensellerie
3 Karotten
3 Kartoffeln
350 g braune Tellerlinsen
2 Lorbeerblätter
1 l kalte oder heiße Gemüsebrühe
1 Stängel Liebstöckel
1 Zweig Majoran
1 Zweig Rosmarin
1 Stängel Bohnenkraut
½ Bund krause Petersilie
3 EL Sojasauce
3 EL Rotweinessig
Meersalz
frisch gemahlener schwarzer Pfeffer

- ➤ Die Zwiebel schälen, fein hacken und im heißen Öl anschwitzen.
- ➤ Den Lauch der Länge nach halbieren und in feine Halbmonde schneiden. Zur Zwiebel in den Topf geben und ebenfalls kurz anschwitzen.
- ➤ Den Knollensellerie und die Karotten schälen und fein würfeln. Zur Zwiebel und zum Lauch in den Topf geben und kurz anschwitzen.
- ➤ Die Kartoffeln schälen, fein würfeln und in den Topf geben.
- ➤ Die Linsen, Lorbeerblätter und die Brühe hinzufügen. Alles unter Rühren kurz zum Kochen bringen, dann die Temperatur deutlich reduzieren.

➤ Den Liebstöckel, Majoran, Rosmarin und das Bohnenkraut zu einem kleinen Sträußchen zusammenbinden und in den Topf geben. Alles unter gelegentlichem Rühren etwa 45 Minuten köcheln lassen, bis die Linsen weich sind. Sollten die Linsen sehr viel Flüssigkeit aufnehmen, noch etwas Brühe hinzufügen.

➤ Die Petersilie fein hacken und mit der Sojasauce und dem Essig zum Eintopf geben. Alles gut 10 weitere Minuten köcheln lassen.

➤ Vor dem Servieren herzhaft mit Salz und Pfeffer abschmecken.

Tipps

• Noch reichhaltiger wird der Linseneintopf, wenn Sie 6 vegane Wiener Würstchen (ganz oder in Scheiben geschnitten) nach dem Hinzufügen der Petersilie mit in den Topf geben.

• Schön herzhaft schmeckt der Linseneintopf, wenn Sie 250 g Räuchertofu in feine Würfel schneiden, in etwas Rapsöl in der Pfanne knusprig braten und kurz vor dem Servieren zum Eintopf geben.

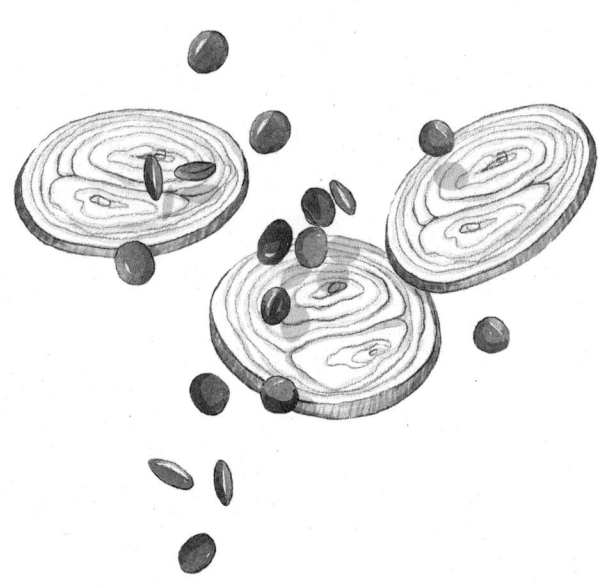

Brokkoli-Karotten-Eintopf mit Perlgraupen

Stillt den Hunger schön leicht

1 Zwiebel
2 – 3 EL Rapsöl
4 (nicht zu große) Karotten
600 g Brokkoli (gern mit Strunk)
125 g grobe Perlgraupen
1 l kalte Gemüsebrühe
3 EL Apfelessig
2 TL weißes Sesammus (Tahin)
3 EL fein gehackte krause Petersilie
2 EL fein gehackter Schnittlauch
Meersalz
frisch gemahlener weißer Pfeffer

➤ Die Zwiebel schälen, fein hacken und im heißen Öl anschwitzen.
➤ Die Karotten schälen und in dünne Scheiben schneiden. Den Brokkoli in mundgerechte Röschen zerteilen. Den Strunk schälen und fein würfeln. Die Karottenscheiben und Würfel vom Brokkolistrunk zur Zwiebel in den Topf geben und kurz anschwitzen.
➤ Die Perlgraupen und Brühe hinzufügen. Alles kurz zum Kochen bringen. Die Temperatur reduzieren und den Eintopf unter gelegentlichem Rühren etwa 10 Minuten köcheln lassen.
➤ Die Brokkoliröschen, den Essig und das Sesammus unterrühren. Alles nochmals so lange unter gelegentlichem Rühren köcheln lassen, bis die Brokkoliröschen bissfest gegart sind.
➤ Die Petersilie und den Schnittlauch unterrühren und den Eintopf 2 – 3 Minuten ziehen lassen.
➤ Vor dem Servieren herzhaft mit Salz und Pfeffer abschmecken.

Tipp

Graupen sind meist Gerstenkörner oder Weizenkörner, die entspelzt, geschält und poliert werden, wodurch ihre etwas kugelige Form entsteht. Graupen aus zusätzlich geschnittenen Körnern werden Perlgraupen genannt.

Doppelte Selleriesuppe

Doppelt schmeckt einfach besser!

1 große Zwiebel
4 – 5 EL Rapsöl
400 g Knollensellerie
400 g Kartoffeln (etwa 4 kleine Kartoffeln)
500 ml heiße Gemüsebrühe
1 großes Lorbeerblatt
150 ml Sojasahne
2 EL Weißweinessig
2 EL Hefeflocken
4 große Stangen Staudensellerie
½ Bund krause Petersilie
Meersalz
frisch gemahlener weißer Pfeffer

➤ Die Zwiebel schälen, fein hacken und in 2 – 3 EL heißem Öl anschwitzen.

➤ Den Knollensellerie und die Kartoffeln schälen und mittelfein würfeln (diese zwei Zutaten benötigt man im Mengenverhältnis 1:1).

➤ Den Knollensellerie zur Zwiebel in den Topf geben und kurz anschwitzen. Die Kartoffeln, die Brühe und das Lorbeerblatt hinzufügen. Alles unter Rühren kurz zum Kochen bringen. Die Temperatur reduzieren und das Gemüse unter gelegentlichem Rühren gut 20 Minuten weich kochen.

➤ Den Topf vom Herd nehmen und das Lorbeerblatt entfernen.

➤ Das Gemüse mit einem Kartoffelstampfer zermusen, bis es cremig, aber noch ein wenig stückig ist.

➤ Die Sojasahne, den Essig und die Hefeflocken unterrühren und die Suppe zurück auf den Herd geben. Die Suppe unter gelegentlichem Rühren gut 5 weitere Minuten köcheln lassen.

➤ Den Staudensellerie in dünne Scheiben schneiden und in einer Pfanne in 2 EL Öl kurz anbraten. Die Petersilie fein hacken und mit dem Staudensellerie zur Suppe geben. Die Suppe 2 – 3 Minuten ziehen lassen.

➤ Vor dem Servieren herzhaft mit Salz und Pfeffer abschmecken.

Gulasch aus Kartoffeln und Pilzen

Heiß geliebt von Groß und Klein

1 kleine weiße Zwiebel
1 kleine rote Zwiebel
1 – 2 Knoblauchzehen
3 – 4 EL Rapsöl
2 rote Paprikaschoten
1 Karotte
1 Stange Lauch
550 ml kalte Gemüsebrühe
750 g Kartoffeln (etwa 3 große Kartoffeln)
2 Lorbeerblätter
1 EL fein gehackter Majoran
1 TL fein gehackter Thymian
250 g (braune) Champignons
2 EL Apfelessig
2 leicht gehäufte TL Speisestärke
etwas Wasser zum Anrühren der Speisestärke
½ Bund krause Petersilie
1 TL mildes Paprikapulver
½ TL scharfes Paprikapulver
150 ml Sojasahne
Meersalz
frisch gemahlener schwarzer Pfeffer

➤ Die Zwiebeln sowie den Knoblauch schälen, fein hacken und im heißen Öl anschwitzen.
➤ Die Paprika vierteln, entkernen und fein würfeln. Die Karotte schälen und in dünne Scheiben schneiden. Den Lauch der Länge nach halbieren und in feine Halbmonde schneiden.
➤ Das Gemüse in der Reihenfolge Lauch, Karotte, Paprika zum Zwiebelgemüse in den Topf geben und jeweils kurz anschwitzen. Mit der Brühe ablöschen.

➤ Die Kartoffeln schälen, mundgerecht würfeln und mit den Lorbeerblättern, dem Majoran und Thymian in den Topf geben. Alles unter
Rühren kurz zum Kochen bringen, dann die Temperatur reduzieren
und das Gemüse unter gelegentlichem Rühren gut 10 Minuten
köcheln lassen.

➤ Die Champignons in Scheiben schneiden und mit dem Essig in den
Topf geben. Die Speisestärke mit etwas Wasser glatt rühren und
ebenfalls zum Gemüse in den Topf geben. Alles nochmals etwa
10 Minuten köcheln lassen.

➤ Die Petersilie fein hacken und mit dem Paprikapulver zum Gulasch
geben. Die Sojasahne unterziehen. Das Gulasch gut 5 Minuten
ziehen lassen.

➤ Die Lorbeerblätter entfernen. Das Gulasch vor dem Servieren
herzhaft mit Salz und Pfeffer abschmecken.

Tipp

Falls Sie das Gulasch nicht mit Stärke, sondern mit Weizenmehl andicken
möchten, verwenden Sie hierfür 4 – 5 EL Weizenmehl (Type 1050) und verfahren wie folgt: Nachdem Sie die Champignons und den Essig dazugegeben
haben, lassen Sie das Gulasch (ohne Stärke) nochmals etwa 10 Minuten köcheln. Überstäuben Sie das Gulasch anschließend mit dem Mehl und rühren
es unter. Verfahren Sie dann weiter wie im Rezept beschrieben. Beachten
Sie, dass der Eintopf bei Verwendung von Weizenmehl nicht glutenfrei ist.

Rotkohlsuppe mit Roter Bete

Suppensymphonie in Dunkelrot

1 Zwiebel
3 – 4 EL Rapsöl
700 g Rotkohl
300 g geschälte Rote Beten
1 walnussgroßes Stück Ingwer
300 ml kalte Gemüsebrühe
2 Gewürznelken
1 großes Lorbeerblatt
300 ml Sojadrink
3 EL Sojasauce
3 EL roter Balsamessig
2 TL gemahlene Kurkuma
150 ml Sojasahne
½ Bund Schnittlauch
Meersalz
frisch gemahlener schwarzer Pfeffer

- ➤ Die Zwiebel schälen, fein hacken und im heißen Öl anschwitzen.
- ➤ Den Rotkohl in dünne Streifen schneiden. Die Roten Beten mittelfein würfeln. Den Ingwer schälen und fein hacken. Den Rotkohl, die Roten Beten und den Ingwer zur Zwiebel in den Topf geben und kurz anschwitzen.
- ➤ Mit der Brühe ablöschen.
- ➤ Die Gewürznelken (am besten in einem Tee-Ei oder Gewürz-Ei) und das Lorbeerblatt hinzufügen. Alles unter Rühren kurz zum Kochen bringen. Die Temperatur deutlich reduzieren und das Gemüse unter gelegentlichem Rühren etwa 40 Minuten sehr weich kochen. Sollte viel von der Flüssigkeit verdampfen, noch etwas Brühe hinzufügen.
- ➤ Den Topf vom Herd nehmen und das Lorbeerblatt sowie die Gewürznelken entfernen. Den Sojadrink, die Sojasauce, den Essig sowie die Kurkuma hinzufügen und alles mit dem Pürierstab fein cremig pürieren.

➤ Den Topf zurück auf den Herd geben und die Suppe 10 weitere Minuten köcheln lassen.
➤ Den Schnittlauch fein hacken und mit der Sojasahne zur Suppe geben. Die Suppe gut 5 Minuten ziehen lassen.
➤ Vor dem Servieren herzhaft mit Salz und Pfeffer abschmecken.

Tipps

• Es sieht toll aus und schmeckt besonders lecker, wenn Sie jede Portion mit 2 – 3 EL Cashew Sour Cream (siehe Seite 177) verfeinern.
• Damit das Mengenverhältnis von Roter Bete zu Rotkohl und Flüssigkeit stimmt, geht das Rezept für die Mengenangabe der Roten Beten von den geschälten Knollen aus. Wie dick die Schale entfernt wird, hängt schließlich auch davon ab, wie die Person, die schält, gewöhnlich arbeitet und in welchem Zustand die Rote Bete ist. Ist die Knolle stark zerfurcht oder schon älter, wird beim Schälen mehr Schale entfernt als bei einer sehr frischen Roten Bete.

Sauerkrauteintopf mit Räuchertofu ☼

Macht richtig lecker satt

1 große rote Zwiebel
1 – 2 Knoblauchzehen
5 – 6 EL Rapsöl
250 g Räuchertofu
3 EL Sojasauce
2 große Karotten
2 große rote Paprikaschoten
4 Kartoffeln
250 ml kalte oder heiße Gemüsebrühe
2 EL fein gehackter Majoran
1 TL fein gehackter Thymian
1 TL fein gehackter Rosmarin
500 g abgetropftes (Wein-)Sauerkraut
1 TL mildes Paprikapulver
½ TL scharfes Paprikapulver
½ Bund Schnittlauch
Meersalz
frisch gemahlener schwarzer Pfeffer

➤ Die Zwiebel und die Knoblauchzehen schälen, fein hacken und im heißen Öl anschwitzen. Den Räuchertofu mittelfein würfeln und zur Zwiebel und zum Knoblauch in den Topf geben. Den Tofu von allen Seiten kurz anbraten, dann mit der Sojasauce ablöschen.

➤ Die Karotten schälen und mittelfein würfeln. Die Paprika vierteln, entkernen und in dünne Streifen schneiden. Beides zum Tofu geben und kurz anschwitzen. Die Kartoffeln schälen, mittelfein würfeln und mit der Brühe zum Karotten-Paprika-Gemüse geben. Alles unter Rühren kurz zum Kochen bringen. Die Temperatur deutlich reduzieren, Majoran, Thymian und Rosmarin unterrühren und unter gelegentlichem Rühren gut 10 Minuten köcheln lassen.

➤ Das Sauerkraut sowie Paprikapulver hinzufügen und den Eintopf etwa 20 weitere Minuten schmoren. Sollte er sehr sämig sein, noch etwas Brühe hinzufügen. Den Schnittlauch fein hacken, unterrühren und den Eintopf etwa 5 Minuten ziehen lassen.

➤ Vor dem Servieren herzhaft mit Salz und Pfeffer abschmecken.

Süßkartoffelchili ☀

Aromatische Neuauflage des würzigen Eintopfklassikers

1 kleine rote Zwiebel
1 kleine weiße Zwiebel
2 Knoblauchzehen
4 – 5 EL Olivenöl
2 große Süßkartoffeln (etwa 800 g)
2 große rote Paprikaschoten
2 – 3 MSP gemahlener Kreuzkümmel
2 – 3 MSP gemahlener Koriander
1 MSP gemahlene Gewürznelke
600 ml kalte Gemüsebrühe
160 g rote Linsen
250 g gegarte Kidneybohnen
5 EL Tomatenmark
4 – 5 EL Sojasauce
1 ½ TL gemahlene Kurkuma
2 EL roter Balsamessig
5 – 6 EL fein gehackte glatte Petersilie
Meersalz
grüne Chilisauce

➤ Die Zwiebeln und Knoblauchzehen schälen, fein hacken und im heißen Öl anschwitzen.
➤ Die Süßkartoffeln schälen und mittelfein würfeln. Die Paprika vierteln, entkernen und in dünne Streifen schneiden. Süßkartoffeln und Paprika zum Zwiebelgemüse geben und kräftig anschwitzen.
➤ Den Kreuzkümmel, Koriander sowie die Gewürznelke unterrühren und mit der Brühe ablöschen. Die Linsen hinzufügen und das Chili unter Rühren kurz zum Kochen bringen. Die Temperatur reduzieren und den Eintopf unter gelegentlichem Rühren etwa 15 Minuten köcheln lassen.
➤ Kidneybohnen, Tomatenmark, Sojasauce, Kurkuma und Essig unterrühren. Alles etwa 10 weitere Minuten köcheln lassen.
➤ Vor dem Servieren die Petersilie unterrühren und das Süßkartoffelchili mit Salz und Chilisauce abschmecken.

Weißer Wintereintopf

Schmeckt besonders gut, wenn es draußen schneit

1 Zwiebel
1 Knoblauchzehe
2 – 3 EL Rapsöl
1 große Stange Lauch
4 Kartoffeln
2 große Karotten
400 g geputzte Rosenkohlröschen
(etwa 500 g ungeputzte Rosenkohlröschen)
350 ml Wasser
2 Lorbeerblätter
1 EL fein gehackter Majoran
1 ½ EL Weißweinessig
1 – 2 MSP frisch geriebene Muskatnuss
4 EL Hefeflocken
1 ½ EL Maismehl oder geröstetes Kichererbsenmehl
150 ml Sojasahne
3 EL fein gehackte krause Petersilie
2 EL fein gehackter Schnittlauch
Meersalz
frisch gemahlener weißer Pfeffer

➤ Die Zwiebel und Knoblauchzehe schälen, fein hacken und im heißen Öl anschwitzen.
➤ Den Lauch der Länge nach halbieren und in feine Halbmonde schneiden. Zum Zwiebelgemüse in den Topf geben und so lange anschwitzen, bis der Lauch in sich zusammenfällt.
➤ Die Kartoffeln und Karotten schälen und mittelfein würfeln. Die Rosenkohlröschen halbieren. Die Kartoffeln, Karotten und Rosen-kohlröschen mit dem Wasser zum Lauch in den Topf geben.

➤ Alles unter Rühren kurz zum Kochen bringen. Die Temperatur deutlich reduzieren und die Lorbeerblätter, den Majoran, Essig und die Muskatnuss unterrühren. Den Eintopf unter gelegentlichem Rühren so lange köcheln lassen, bis die Kartoffeln und Rosenkohlröschen bissfest gegart sind.

➤ Die Hefeflocken mit dem Mehl verrühren. Zum Eintopf geben und gründlich unterrühren. Die Sojasahne hinzufügen und alles 5 – 10 weitere Minuten köcheln lassen.

➤ Die Lorbeerblätter entfernen. Die Petersilie und den Schnittlauch unterrühren und den Eintopf 2 – 3 Minuten ziehen lassen.

➤ Vor dem Servieren herzhaft mit Salz und Pfeffer abschmecken.

Blumenkohlcremesuppe

Wellness für Körper und Seele

1 Zwiebel
3 – 4 EL Rapsöl
1 Blumenkohl
½ TL Roh-Rohrzucker
600 ml kalte Gemüsebrühe
2 – 3 MSP frisch geriebene Muskatnuss
150 g Cashewnüsse
400 ml kochend heißes Wasser
2 – 3 EL frisch gepresster Zitronensaft
5 – 6 EL fein gehackte krause Petersilie
3 EL fein gehackter Schnittlauch
Meersalz
frisch gemahlener weißer Pfeffer

➤ Die Zwiebel schälen, mittelfein hacken und im heißen Öl im Topf anschwitzen.
➤ Den Blumenkohl in kleine Röschen zerteilen. Mit dem Zucker zur Zwiebel in den Topf geben und unter gelegentlichem Rühren bei knapp mittlerer Temperatur etwa 10 Minuten leicht anbräunen.
➤ Mit der Brühe ablöschen und den Blumenkohl unter gelegentlichem Rühren sehr weich kochen (falls der Blumenkohl sehr groß ist, gegebenenfalls etwas mehr Brühe dazugeben).
➤ Den Topf vom Herd nehmen, die Muskatnuss unterrühren und das Gemüse mit dem Pürierstab fein cremig pürieren.
➤ Die Cashewnüsse mit dem heißen Wasser in den Mixbehälter der Küchenmaschine oder in den Standmixer geben und fein cremig pürieren. (Bei Verwendung des Pürierstabs die Cashewcreme im Voraus zubereiten: Dafür die Cashewnüsse im heißen Wasser 2 Stunden quellen lassen, dann mit dem Einweichwasser pürieren.)
➤ Die Cashewcreme mit dem Zitronensaft zum Gemüse in den Topf geben und alles nochmals kurz mit dem Pürierstab bearbeiten.
➤ Die Suppe zurück auf den Herd geben und unter Rühren nochmals kurz aufkochen. Die Petersilie und den Schnittlauch unterrühren und die Suppe herzhaft mit Salz und Pfeffer abschmecken.

Auberginencremesuppe mit Erdnussmus

Perfekter Begleiter: ein leckeres Erdnussbutter-Sandwich

1 Schalotte
1 Knoblauchzehe
3 – 4 EL Olivenöl
2 kleine Auberginen
1 Süßkartoffel (etwa 300 g)
2 Stangen Staudensellerie
600 ml kalte Gemüsebrühe
200 ml Sojadrink
2 EL Weißweinessig
4 EL Erdnussmus
100 ml Sojasahne
2 MSP gemahlener Kreuzkümmel
2 MSP gemahlener Koriander
2 MSP gemahlener Zimt
3 EL fein gehackte glatte Petersilie
2 EL fein gehackter Schnittlauch
Meersalz
frisch gemahlene Chiliflocken

> ➤ Die Schalotte und Knoblauchzehe schälen, grob hacken und kurz im heißen Öl anschwitzen.
> ➤ Die Auberginen der Länge nach in Scheiben schneiden, dann mittelfein würfeln. Die Süßkartoffel schälen und mittelfein würfeln. Den Staudensellerie in dünne Scheiben schneiden. Das Gemüse zur Schalotte und zum Knoblauch in den Topf geben und kurz anschwitzen.
> ➤ Mit der Brühe ablöschen. Die Suppe unter Rühren kurz zum Kochen bringen, die Temperatur reduzieren und unter gelegentlichem Rühren etwa 20 Minuten köcheln lassen, bis das Gemüse weich ist.
> ➤ Den Topf vom Herd nehmen und das Gemüse mit dem Pürierstab fein cremig pürieren. Den Sojadrink und Essig hinzufügen und alles nochmals kurz pürieren.
> ➤ Den Topf zurück auf den Herd geben und die Suppe kurz aufkochen. Die Temperatur reduzieren und das Erdnussmus, die Sojasahne, den Kreuzkümmel, Koriander und Zimt unterrühren.

Suppen to go

Ein leckeres Süppchen schmeckt nicht nur zu Hause, sondern auch mittags im Büro, in der Schule, Uni und überall sonst, wo man etwas Warmes und Sättigendes löffeln möchte. Wem Kartoffelsalat und Nudelsalat zum Picknick zu langweilig sind, bringt mit einer heißen wie auch kalten Suppe Abwechslung in die Unterwegsverpflegung. Besonders gut geeignet als Suppen to go sind solche, deren Zutaten schön cremig püriert oder sehr fein gewürfelt sind, damit beim Ausgießen keine Stückchen im Inneren des Isoliergefäßes hängen bleiben.

Wird die Suppe aus gekochten Zutaten zubereitet, kann man sie gut auf Vorrat kochen und 3 – 4 Tage im Kühlschrank aufbewahren. Am Verzehrtag wärmt man die Suppe morgens kurz noch einmal auf und füllt sie in das gewählte Mitnahmegefäß. Hierfür eignet sich besonders gut eine stoßfeste, doppelwandige und durch einen Schraubverschluss dicht verschließbare Isolierkanne aus Kunststoff oder Edelstahl. Damit die Suppe unterwegs in der Isolierkanne lange warm bleibt, füllt man die Kanne vor dem Einfüllen der Suppe zur Hälfte mit kochend heißem Wasser, schließt den Deckel und lässt das Wasser eine Viertelstunde in der Kanne. Danach gießt man das Wasser ab und füllt die heiße Suppe ein.

Bei der Planung der Portionen ist Folgendes zu beachten: Die in diesem Kapitel vorgestellten Rezepte sind für vier Personen ausgelegt, sodass man die zubereitete Suppe in vier Portionen teilen und zum Mitnehmen in vier kleine Isoliergefäße abfüllen kann. Wenn der Suppenhunger unterwegs groß ist oder wenn man auf weitere Beilagen verzichten möchte, entsteht eine sättigende Einpersonenmahlzeit aus zwei Portionen, die in eine Isolierkanne mit einem Fassungsvermögen von 0,75 Liter passt. Möchte man alle vier Portionen auf einmal mitnehmen, sollte man eine sehr große Isolierkanne, die 1,5 Liter fasst, verwenden.

➤ Die Suppe gut 5 Minuten ziehen lassen, aber nicht mehr kochen.
➤ Die Petersilie und den Schnittlauch unterrühren und die Suppe herzhaft mit Salz und Chiliflocken abschmecken.

Brokkoli-Rucola-Cremesuppe

So grün, so gut

1 Zwiebel
3 – 4 EL Olivenöl
550 g geputzter Brokkoli (gern mit geschältem Strunk)
    (ungeputzt 600 – 650 g)
75 g geputzter Rucola (ungeputzt etwa 90 g)
200 g geschälte Kartoffeln (mit Schale etwa 250 g)
    (Damit die Suppe die gewünschte Konsistenz hat und somit taug-
    lich für die Isolierkanne ist, benötigt man genau die genannten
    Mengen geputztes beziehungsweise geschältes Gemüse.)
900 ml kalte oder heiße Gemüsebrühe
3 EL Weißweinessig
3 EL Hefeflocken
2 MSP frisch geriebene Muskatnuss
125 ml Sojasahne
4 EL fein gehackter Schnittlauch
Meersalz
grüne Chilisauce

➤ Die Zwiebel schälen, mittelfein hacken und im Topf im heißen Öl
anschwitzen. Den Brokkoli in kleine Röschen zerteilen (den Strunk
mittelfein würfeln). Den Brokkoli zur Zwiebel in den Topf geben und
kurz anschwitzen. Den Rucola grob zerkleinern, zum Brokkoli geben
und kurz anschwitzen.

➤ Die Kartoffeln mittelfein würfeln und mit der Brühe zum Gemüse in
den Topf geben. Die Suppe unter Rühren kurz zum Kochen bringen.
Die Temperatur reduzieren und das Gemüse unter gelegentlichem
Rühren gut 20 Minuten sehr weich kochen.

➤ Den Topf vom Herd nehmen und das Gemüse mit dem Pürierstab
fein cremig pürieren. Den Essig, die Hefeflocken und Muskatnuss
unterrühren und alles nochmals kurz pürieren.

➤ Den Topf zurück auf den Herd geben und die Suppe nochmals kurz
zum Kochen bringen. Die Herdplatte ausschalten und die Sojasahne
sowie den Schnittlauch unterrühren. Die Suppe herzhaft mit Salz
und Chilisauce abschmecken.

Erbsencremesuppe auf britische Art

Für königlichen Picknickgenuss

3 – 4 kleine Frühlingszwiebeln
4 – 5 EL Rapsöl
1 große Stange Lauch
2 Kartoffeln
500 ml kalte Gemüsebrühe
400 g feine grüne Erbsen (frisch gepalt oder tiefgekühlt)
250 ml Sojadrink
50 ml halbtrockener Sherry,
*   ersatzweise knapp 50 ml naturtrüber Apfelsaft*
*   mit 2 TL Apfelessig*
3 EL fein gehackte krause Petersilie
2 EL fein gehackte Minze
2 EL fein gehackter Schnittlauch
150 ml Sojasahne
Meersalz
frisch gemahlener weißer Pfeffer

➤ Die Frühlingszwiebeln in feine Ringe schneiden und im heißen Öl anschwitzen. Den Lauch der Länge nach halbieren und in feine Halbmonde schneiden. Zu den Frühlingszwiebeln in den Topf geben und so lange anschwitzen, bis er in sich zusammenfällt.

➤ Die Kartoffeln schälen, mittelfein würfeln und zum Lauchgemüse geben. Mit der Brühe ablöschen. Die Suppe unter Rühren kurz zum Kochen bringen, die Temperatur reduzieren unter gelegentlichem Rühren etwa 15 Minuten köcheln lassen.

➤ Die Erbsen hinzufügen und die Suppe gut 10 weitere Minuten köcheln lassen, bis das Gemüse weich gekocht ist.

➤ Den Topf vom Herd nehmen und das Gemüse mit dem Pürierstab fein cremig pürieren. Den Sojadrink und Sherry hinzufügen und nochmals kurz pürieren.

➤ Den Topf zurück auf den Herd geben und die Suppe unter Rühren kurz zum Kochen bringen. Die Temperatur reduzieren und den Essig, die Petersilie, Minze und den Schnittlauch unterrühren.

➤ Die Sojasahne hinzufügen, die Suppe etwa 5 Minuten ziehen lassen und herzhaft mit Salz und Pfeffer abschmecken.

Mandelcremesuppe mit Safran

Stimmt heiter und vergnügt

2 kleine Schalotten
1 – 2 Knoblauchzehen
4 – 5 EL Olivenöl
110 g blanchierte und gemahlene Mandeln
500 g Kartoffeln (etwa 4 Kartoffeln)
600 ml heiße Gemüsebrühe
1 Briefchen Safranfäden (0,1 g)
400 ml Mandeldrink
100 ml Mandelsahne
4 – 5 EL fein gehackter Schnittlauch
Meersalz
frisch gemahlener weißer Pfeffer

- Die Schalotten und Knoblauchzehen schälen, grob hacken und kurz im heißen Öl anschwitzen.
- Die Mandeln hinzufügen und unter Rühren anschwitzen, bis sie etwas Farbe angenommen haben.
- Die Kartoffeln schälen, mittelfein würfeln und mit der Brühe zu den Mandeln geben. Die Suppe unter Rühren kurz zum Kochen bringen. Die Temperatur reduzieren, den Safran unterrühren und das Gemüse unter gelegentlichem Rühren etwa 20 Minuten sehr weich kochen.
- Den Topf vom Herd nehmen und alles mit dem Pürierstab fein cremig pürieren.
- Den Mandeldrink unterrühren und alles nochmals kurz pürieren. (Wenn Sie die Suppe nicht mit ins Büro oder zur Arbeit nehmen, sondern beim Picknick oder abends genießen möchten, können Sie nach dem zweiten Pürieren zusätzlich 50 ml trockenen Sherry unterrühren.)
- Den Topf zurück auf den Herd geben und die Suppe kurz zum Kochen bringen. Die Herdplatte ausschalten, die Mandelsahne und den Schnittlauch unterrühren und die Suppe herzhaft mit Salz und Pfeffer abschmecken.

Mediterrane Maronensuppe ☼

Zum genussvollen Verweilen im bunten Blätterwald

2 Schalotten
2 kleine Knoblauchzehen
4 – 5 EL Olivenöl
2 kleine Karotten
4 kleine Stangen Staudensellerie
700 ml kalte Gemüsebrühe
400 g gegarte Maronen
400 ml Sojadrink
2 EL roter Balsamessig
1 EL fein gehackter Oregano
1 TL fein gehackter Thymian
1 TL fein gehackter Rosmarin
125 ml Sojasahne
4 – 5 EL fein gehackte krause Petersilie
Meersalz
frisch gemahlener schwarzer Pfeffer

- ➤ Die Schalotten und Knoblauchzehen schälen, grob hacken und im heißen Öl anschwitzen.
- ➤ Die Karotten schälen und in Scheiben schneiden. Den Staudensellerie in dünne Scheiben schneiden. Beides zu den Schalotten in den Topf geben. Kurz anschwitzen, dann mit der Brühe ablöschen.
- ➤ Die Maronen halbieren und in den Topf geben. Die Suppe unter Rühren kurz zum Kochen bringen. Die Temperatur reduzieren und die Suppe unter gelegentlichem Rühren gut 15 Minuten köcheln lassen, bis die Karotten und der Staudensellerie weich sind.
- ➤ Den Topf vom Herd nehmen und das Gemüse mit dem Pürierstab fein cremig pürieren.
- ➤ Den Sojadrink hinzufügen und nochmals kurz pürieren.
- ➤ Den Topf zurück auf den Herd geben und die Suppe unter Rühren kurz zum Kochen bringen. Die Temperatur reduzieren und den Essig, Oregano, Thymian und Rosmarin unterrühren.
- ➤ Die Suppe etwa 5 Minuten köcheln lassen, dann die Sojasahne und Petersilie unterrühren. 5 Minuten ziehen lassen und herzhaft mit Salz und Pfeffer abschmecken.

Provenzalische Kürbiscremesuppe

Dazu Baguette – und das herbstliche Picknick ist perfekt

1 Schalotte
1 kleine Knoblauchzehe
4 – 5 EL Olivenöl
900 g geschälter und entkernter Muskatkürbis
800 ml kalte Gemüsebrühe
2 Kartoffeln
200 g gegarte Maronen
2 Lorbeerblätter
1 MSP Fenchelsamen
2 ½ EL Weißweinessig
2 EL fein gehackter Majoran
1 TL fein gehackter Thymian
1 TL fein gehackter Rosmarin
1 TL fein gehackter Salbei
125 ml Mandelsahne
½ TL scharfes Paprikapulver
5 EL fein gehackte glatte Petersilie
Meersalz
frisch gemahlener weißer Pfeffer

> Die Schalotte und Knoblauchzehe schälen, fein hacken und im heißen Öl anschwitzen.
> Den Kürbis mittelfein würfeln, zur Schalotte und Knoblauchzehe in den Topf geben und kurz scharf anbraten. Mit der Brühe ablöschen.
> Die Kartoffeln schälen und mittelfein würfeln. Die Maronen grob hacken und mit den Kartoffeln, Lorbeerblättern und Fenchelsamen zum Kürbisgemüse in den Topf geben.
> Alles unter Rühren kurz zum Kochen bringen. Die Temperatur reduzieren und die Suppe unter gelegentlichem Rühren gut 20 Minuten köcheln lassen, bis das Gemüse sehr weich ist.

➤ Den Topf vom Herd nehmen, die Lorbeerblätter entfernen und das Gemüse mit dem Pürierstab fein cremig pürieren. Den Essig, Majoran, Thymian, Rosmarin und Salbei unterrühren.

➤ Den Topf zurück auf den Herd geben und die Suppe 10 weitere Minuten köcheln lassen.

➤ Die Mandelsahne, das Paprikapulver und die gehackte Petersilie unterrühren und die Suppe 3 – 4 Minuten ziehen lassen.

➤ Herzhaft mit Salz und Pfeffer abschmecken.

Tipps

• Falls die frischen Kräuter (Majoran, Thymian, Rosmarin, Salbei) für die Kürbiscremesuppe nicht bei Ihnen im Garten, auf dem Balkon oder der Fensterbank sprießen, können Sie diese durch 2 TL getrocknete Kräuter der Provence ersetzen.

• Muskatkürbis verwendet man in Frankreich gern für herbstliche Suppen und Kürbisgerichte, weil er besonders aromatisch ist. Wenn Sie keinen Muskatkürbis bekommen, können Sie diesen durch (ungeschälten) Hokkaidokürbis oder durch (geschälten) Butternut-Kürbis ersetzen.

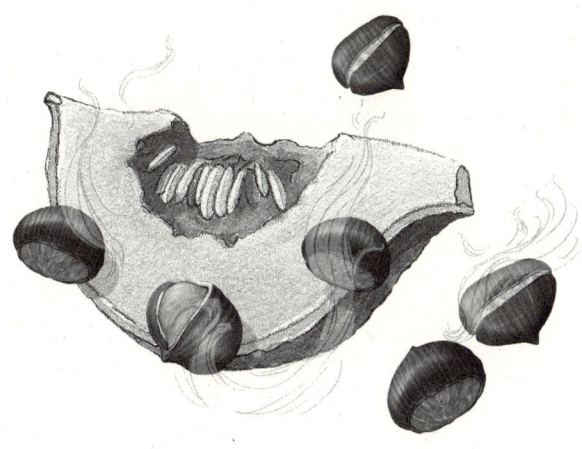

Rote-Linsen-Suppe mit Minze ☀

Magenschmeichler aus der Türkei

3 Frühlingszwiebeln
1 Knoblauchzehe (falls erwünscht)
3 – 4 EL Olivenöl
3 Karotten
300 g rote Linsen
1 MSP Fenchelsamen
1 l kalte oder heiße Gemüsebrühe
3 EL frisch gepresster Zitronensaft
3 – 4 MSP fein abgeriebene Zitronenschale
5 – 6 große Blätter Minze oder 1 EL getrocknete Minze
Meersalz
frisch gemahlene Chiliflocken

➤ Die Frühlingszwiebeln in Ringe schneiden. Die Knoblauchzehe
  schälen und grob hacken. Beides im heißen Öl anschwitzen.
➤ Die Karotten schälen und mittelfein würfeln. Zum Zwiebelgemüse
  in den Topf geben und ebenfalls kurz anschwitzen.
➤ Die Linsen, Fenchelsamen und Brühe (sowie die getrocknete Minze,
  wenn diese statt der frischen Minze verwendet wird) hinzufügen.
  Die Suppe unter Rühren kurz zum Kochen bringen, die Temperatur reduzieren und unter gelegentlichem Rühren gut 15 Minuten
  köcheln lassen, bis die Linsen und Karotten weich sind.
➤ Den Topf vom Herd nehmen, den Zitronensaft und die Zitronenschale unterrühren und die Suppe mit dem Pürierstab fein cremig
  pürieren. Sollten die Linsen sehr viel Flüssigkeit aufgenommen
  haben und die Suppe zu sämig sein, noch etwas Brühe hinzufügen.
➤ Die Minze fein hacken, unterrühren und die Suppe zurück auf den
  Herd geben. Unter gelegentlichem Rühren etwa 10 weitere Minuten
  köcheln lassen. Herzhaft mit Salz und Chiliflocken abschmecken.

Tipp

Die Suppe schmeckt besonders aromatisch, wenn sie am Vortag zubereitet
wird und über Nacht ziehen kann.

Zazikisuppe

Der griechische Klassiker als frische Sommersuppe

300 g Salatgurke
2 Frühlingszwiebeln
800 g gut gekühlter Sojajoghurt
100 ml gut gekühlte Sojasahne
3 – 4 EL Olivenöl
1 ½ – 2 EL frisch gepresster Zitronensaft
3 – 4 Knoblauchzehen
5 EL fein gehackte glatte Petersilie
1 – 2 EL fein gehackte Minze
Meersalz
frisch gemahlener schwarzer Pfeffer

➤ Die Salatgurke grob raspeln. Die Gurkenraspel in die Mitte eines frischen Geschirrtuches geben. Die Enden des Tuches zusammenschlagen und die Gurkenraspel so lange mit den Händen auspressen, bis keine Flüssigkeit mehr austritt.
➤ Die Frühlingszwiebeln in feine Ringe schneiden.
➤ Die Gurkenraspel mit den Frühlingszwiebeln, dem Sojajoghurt, der Sojasahne, dem Öl und Zitronensaft in eine Schüssel geben.
➤ Die Knoblauchzehen schälen und durch eine Knoblauchpresse in die Zazikizubereitung pressen. Die Petersilie und Minze unterrühren.
➤ Die Zazikisuppe herzhaft mit Salz und Pfeffer abschmecken, danach mindestens 60 Minuten im Kühlschrank gut durchkühlen und ziehen lassen.

Tipps

• Wenn Sie die Zazikisuppe als erfrischende Mittagsmahlzeit im Büro genießen möchten, sollten Sie die Knoblauchmenge mit Rücksicht auf Ihre Kollegen vielleicht auf eine Knoblauchzehe reduzieren.
• Damit die Suppe nicht verwässert, ist es wichtig, die Gurkenraspel gründlich auszupressen. Achten Sie darauf, ungesüßten Sojajoghurt zu verwenden.
• Reste der Suppe sollten abgedeckt im Kühlschrank aufbewahrt und spätestens am Folgetag verzehrt werden.

Für heiße Tage

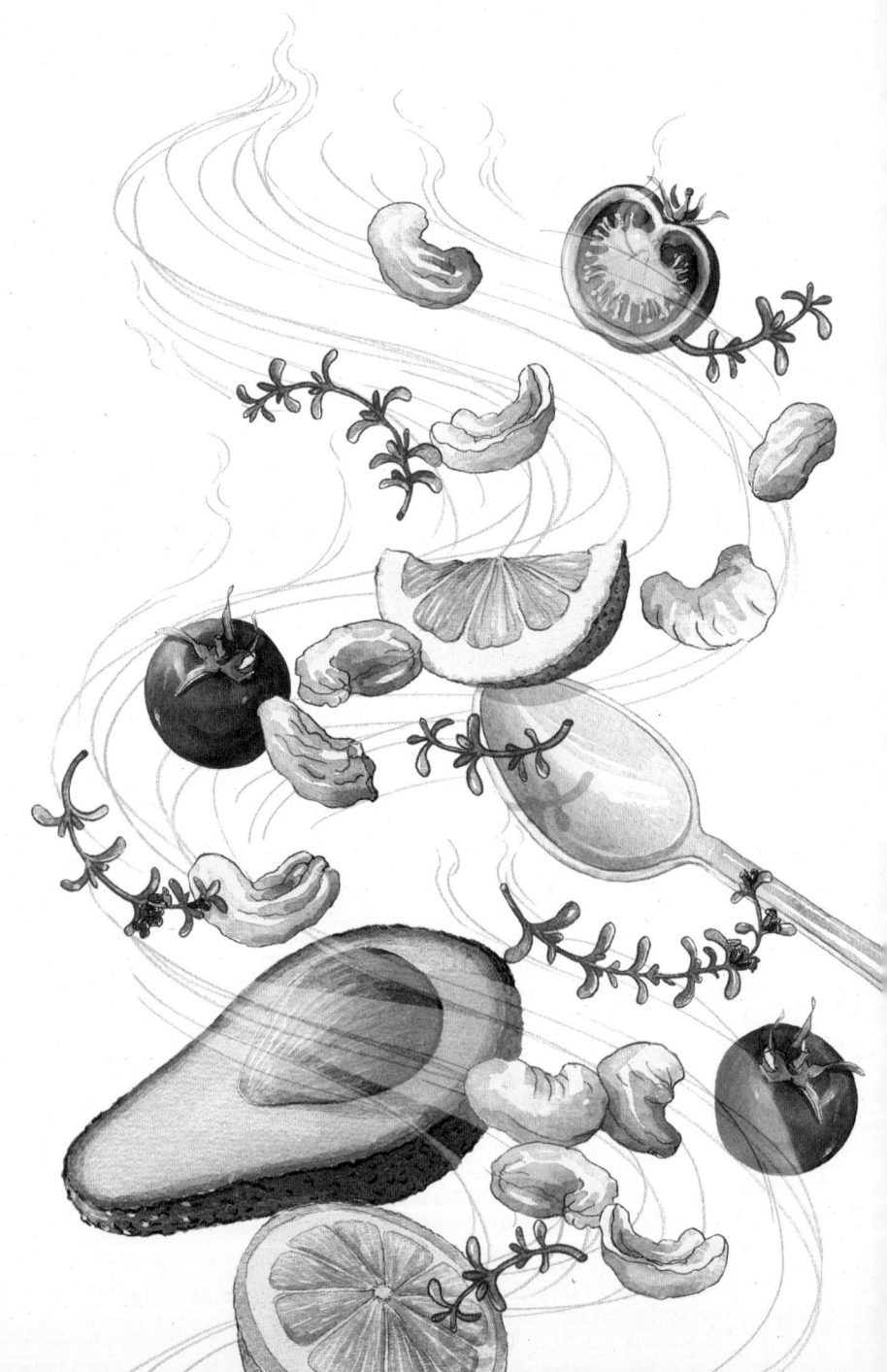

Avocadocremesuppe mit Paprika

Schnell in die Suppenschüssel gebracht

2 reife Avocados
500 ml gut gekühlte Gemüsebrühe
2 Knoblauchzehen
200 ml gut gekühlter Sojadrink
125 ml gut gekühlte Sojasahne
2 TL Weißweinessig
2 kleine rote Paprikaschoten
2 kleine Frühlingszwiebeln
4 EL fein gehackte glatte Petersilie
Meersalz
rote Chilisauce

➤ Die Avocados halbieren, die Kerne entfernen und das Fruchtfleisch auslöffeln. Das Fruchtfleisch mit der Brühe in ein hochwandiges Rührgefäß geben.

➤ Die Knoblauchzehen schälen und durch eine Knoblauchpresse zur Avocado geben. Alles mit dem Pürierstab fein cremig pürieren. Den Sojadrink, die Sojasahne sowie den Essig hinzufügen und alles nochmals kurz pürieren.

➤ Die Paprika vierteln, entkernen und fein würfeln. Die Frühlingszwiebeln in feine Ringe schneiden. Die Frühlingszwiebeln und Paprika zur Suppe geben und mit der Petersilie unterrühren.

➤ Die Avocadocremesuppe herzhaft mit Salz und Chilisauce abschmecken.

➤ Die Suppe etwa 20 Minuten abgedeckt im Kühlschrank ziehen lassen und vor dem Servieren nochmals kurz umrühren.

Tipp

Weil verarbeitete Avocado leicht verderblich ist, sollten Reste dieser Suppe im Kühlschrank aufbewahrt und am besten noch am gleichen Tag verzehrt werden.

Cremige Salatsuppe

Salat zum Löffeln!

100 g Cashewnüsse
300 ml kochend heißes Wasser
2 Frühlingszwiebeln
2 Knoblauchzehen
2 – 3 EL Olivenöl
4 l Wasser
Meersalz
600 g Salatherzen (etwa 3 große Salatköpfe)
250 ml gut gekühlter Sojadrink
125 ml gut gekühlte Sojasahne
2 EL frisch gepresster Zitronensaft
2 MSP frisch geriebene Muskatnuss
grüne Chilisauce
½ Bund Schnittlauch

➤ Die Cashewnüsse mit dem Wasser übergießen und etwa 2 Stunden darin quellen lassen. Die Cashewnüsse in ein Sieb geben, mit klarem Wasser abspülen und abtropfen lassen.

➤ Die Frühlingszwiebeln in Ringe schneiden. Die Knoblauchzehen schälen und grob hacken. Beides im heißen Öl in einer kleinen Pfanne anschwitzen.

➤ Das Wasser mit 1 TL Salz in einen großen Topf geben und zum Kochen bringen.

➤ Die harten Strünke des Salats großzügig abschneiden und die Salatblätter vorsichtig voneinander lösen. Sobald das Wasser sprudelnd kocht, die Hälfte der Salatblätter in den Topf geben und 1,5 – 2 Minuten blanchieren.

➤ Die Salatblätter mit einem Schaumlöffel aus dem Topf nehmen, in einen Durchschlag geben und sofort mit kaltem Wasser gründlich abspülen. Mit der zweiten Hälfte der Salatblätter ebenso verfahren. Den Salat abkühlen und dabei gut abtropfen lassen.

- Den Salat mit der Frühlingszwiebel-Knoblauch-Mischung, den Cashewnüssen, dem Sojadrink, der Sojasahne, dem Zitronensaft und der Muskatnuss in den Mixbehälter der Küchenmaschine oder in den Standmixer geben. Alles fein cremig pürieren.
- Die Salatsuppe herzhaft mit Salz und Chilisauce abschmecken.
- Den Schnittlauch fein hacken. Die Suppe auf Suppenteller verteilen und mit dem Schnittlauch überstreut servieren.

Tipp

Reste der Suppe sollten im Kühlschrank aufbewahrt und spätestens am Folgetag verzehrt werden.

Ganz grüne Suppe ☼

Grün, grün, grün ist alles, was ich lieb ...

2 kleine Frühlingszwiebeln
2 kleine Zucchini
2 reife Avocados
2 EL Hefeflocken
3 EL frisch gepresster Zitronensaft
3 MSP fein abgeriebene Zitronenschale
600 ml kalte Gemüsebrühe
1 Bund gemischte Gartenkräuter
    (zum Beispiel Petersilie, Schnittlauch,
    Dill, Kerbel, Estragon, Zitronenmelisse)
Meersalz
grüne Chilisauce

➤ Die Frühlingszwiebeln in Ringe schneiden. Die Zucchini mittelfein würfeln und mit den Frühlingszwiebeln in ein großes, hochwandiges Rührgefäß geben.
➤ Die Avocados halbieren, die Kerne entfernen und das Fruchtfleisch auslöffeln. Das Fruchtfleisch mit den Hefeflocken, dem Zitronensaft, der Zitronenschale und der Hälfte der Brühe ebenfalls in das Rührgefäß geben.
➤ Alles mit dem Pürierstab fein cremig pürieren.
➤ Die restliche Brühe hinzufügen und nochmals kurz pürieren.
➤ Die Kräuter fein hacken und unterziehen.
➤ Die Suppe herzhaft mit Salz und Chilisauce abschmecken.

Tipps

• Die Suppe schmeckt am besten, wenn Sie das Gemüse 60 Minuten vor der Verwendung in den Kühlschrank geben.
• Weil verarbeitete Avocado leicht verderblich ist, sollten Reste dieser Suppe im Kühlschrank aufbewahrt und am besten noch am gleichen Tag verzehrt werden.

Gazpacho
So genießt man den Sommer in Spanien

3 Scheiben altbackenes Weißbrot
etwa 350 ml kaltes Wasser
1 grüne Paprikaschote
1 rote Paprikaschote
500 g vollreife Tomaten (etwa 4 Tomaten)
1 Salatgurke
2 – 3 Knoblauchzehen
2 EL Sherry-Essig
60 – 70 ml mildes Olivenöl
Meersalz
frisch gemahlener schwarzer Pfeffer

> ➤ Das Brot entrinden und grob würfeln. Die Brotwürfel mit dem Wasser übergießen und kurz darin ziehen lassen.
> ➤ Die Paprika vierteln, entkernen und ebenso wie die Tomaten und die Gurke grob würfeln. Die Knoblauchzehen schälen, halbieren, die grünen Keime im Inneren entfernen und die Zehen grob hacken (wer möchte, verwendet die Keime mit, das Entfernen dient der besseren Bekömmlichkeit, weil der Knoblauch nicht gegart wird).
> ➤ Das Gemüse und den Knoblauch in den Mixbehälter der Küchenmaschine oder in den Standmixer geben und gründlich pürieren.
> ➤ Das Brot mit den Händen gut ausdrücken und mit dem Essig in den Mixbehälter geben. Alles nochmals gründlich pürieren, bis die Zubereitung fein cremig ist. In eine große Schüssel umfüllen, das Öl unterrühren und herzhaft mit Salz und Pfeffer abschmecken.
> ➤ Vor dem Servieren im Kühlschrank gut durchkühlen lassen (Reste im Kühlschrank lagern und innerhalb von zwei Tagen verzehren).

Tipp

Ein richtig guter Gazpacho gelingt nur mit richtig guten Zutaten. Deshalb am besten sonnengereiftes Gemüse und hochwertiges Olivenöl verwenden. Traditionell wird Gazpacho mit fein gewürfelten Tomaten und Paprikaschoten oder Knoblauchcroûtons (siehe Seite 185) serviert.

Gurken-Sojajoghurt-Süppchen ☀ mit Kräutern

Ein leichtes und aromatisches Sommersüppchen

1 Salatgurke
2 TL gemahlener Bockshornklee
4 EL heißes Wasser
800 g Sojajoghurt
1 Bund Schnittlauch
4 EL fein gehackte Zitronenmelisse
2 – 3 EL fein gehackte Minze
4 – 5 EL mildes Olivenöl
2 – 3 Spritzer Zitronensaft
Meersalz
frisch gemahlener weißer Pfeffer

➤ Die Salatgurke grob raspeln.
➤ Den Bockshornklee mit dem Wasser verrühren.
➤ Den Sojajoghurt mit der Gurke und dem Bockshornklee vermischen.
➤ Den Schnittlauch fein hacken und mit der Zitronenmelisse, Minze und dem Öl zur Gurkenzubereitung geben.
➤ Die Suppe mit etwas Zitronensaft sowie mit Salz und Pfeffer abschmecken.
➤ Vor dem Servieren etwa 20 Minuten im Kühlschrank ziehen lassen.

Tipps

- Achten Sie darauf, ungesüßten Sojajoghurt zu verwenden.
- Reste dieser aromatischen Suppe sollten im Kühlschrank aufbewahrt und spätestens am Folgetag verzehrt werden.
- Das Gurkensüppchen lässt sich je nach Geschmack vielfältig variieren. Geben Sie statt des Bockshornklees und der aufgeführten Kräuter (Schnittlauch, Zitronenmelisse, Minze) wahlweise zum Beispiel Folgendes hinzu:
  - 1 ½ TL mildes Paprikapulver, ½ TL scharfes Paprikapulver, 5 EL fein gehackte glatte Petersilie.
  - 3 MSP fein abgeriebene Zitronenschale, 3 EL fein gehackten Dill, 2 EL fein gehackte krause Petersilie, 2 EL fein gehackten Schnittlauch.
  - 1 ½ EL fein gehackten Ingwer, 2 MSP fein gemahlenen Kreuzkümmel, 2 MSP fein gemahlenen Koriander, 4 EL fein gehackte glatte Petersilie.
  - 1 fein gewürfelte große Tomate, 5 EL fein gehacktes Basilikum, ½ TL fein gehackten Thymian, 1 TL mildes Paprikapulver.

Kalte Karottensuppe

Heute bleibt die Küche kalt

1 kleine rote Zwiebel
1 kleine Knoblauchzehe
2 gelbe Paprikaschoten
2 große Stangen Staudensellerie
5 vollreife Tomaten
500 ml ungesüßter Karottensaft
5 – 6 EL Tomatenmark
4 EL fein gehacktes Basilikum
3 EL fein gehackte glatte Petersilie
1 EL fein gehackter Estragon
Meersalz
frisch gemahlene Chiliflocken
4 EL Olivenöl

➤ Die Zwiebel und Knoblauchzehe schälen und grob hacken. Die Paprika vierteln, entkernen und in Streifen schneiden. Den Stauden-sellerie in Scheiben schneiden und 3 Tomaten grob würfeln.

➤ Die Tomatenwürfel, die Zwiebel, Paprika sowie den Staudensellerie und Knoblauch in den Mixbehälter der Küchenmaschine oder in den Standmixer geben und fein pürieren. Den Karottensaft dazugeben und nochmals kurz pürieren. Die Suppe in eine Schüssel umfüllen.

➤ Die restlichen 2 Tomaten fein würfeln und mit dem Tomatenmark verrühren. Mit den Kräutern in die Schüssel zur Suppe geben.

➤ Die Suppe herzhaft mit Salz und Chiliflocken abschmecken und vor dem Servieren im Kühlschrank gut durchkühlen lassen (Reste der Suppe kühl aufbewahren und innerhalb von zwei Tagen verzehren).

➤ Zum Servieren die Suppe in Suppenteller geben und jede Portion mit 1 EL Olivenöl überträufeln.

Tipp

Noch cremiger wird die Karottensuppe, wenn Sie das Fruchtfleisch einer reifen Avocado mitpürieren (dann die Suppe am gleichen Tag verzehren).

Kalte Kartoffelsuppe mit Mais ☼

Cooler Auftritt für die tolle Knolle

4 Frühlingszwiebeln
3 – 4 EL Olivenöl
750 – 800 g Kartoffeln (vorzugsweise mehligkochend)
600 ml kalte oder heiße Gemüsebrühe
2 Zweige Majoran
1 großes Lorbeerblatt
300 ml gut gekühlter Sojadrink
125 ml gut gekühlte Sojasahne
200 g gegarter Gemüsemais
2 ½ EL Apfelessig
1 Bund Schnittlauch
Meersalz
frisch gemahlener schwarzer Pfeffer

➤ Die Frühlingszwiebeln in feine Ringe schneiden und im heißen Öl anschwitzen.

➤ Die Kartoffeln schälen, mittelfein würfeln und mit der Brühe, dem Majoran und Lorbeerblatt zu den Frühlingszwiebeln in den Topf geben. Alles kurz zum Kochen bringen. Die Temperatur deutlich reduzieren und die Kartoffeln unter gelegentlichem Rühren gut 20 Minuten sehr weich kochen.

➤ Den Topf vom Herd nehmen. Den Majoran und das Lorbeerblatt entfernen. Das Kartoffelgemüse mit dem Pürierstab fein cremig pürieren (oder mit dem Kartoffelstampfer zerdrücken). Auf Raumtemperatur abkühlen, dann im Kühlschrank durchkühlen lassen (damit die Suppe zum Servieren wirklich gut gekühlt ist, das Püree am besten am Vortag zubereiten).

➤ Den Schnittlauch fein hacken und mit dem Sojadrink, der Sojasahne, dem Mais und Essig unter das Kartoffelpüree rühren.

➤ Vor dem Servieren die Suppe herzhaft mit Salz und Pfeffer abschmecken. Weil die Kartoffeln und der Gemüsemais viel Stärke enthalten und damit leicht süßlich schmecken, benötigt die Suppe eine ordentliche Portion Salz, damit sie lecker herzhaft in die Teller kommt.

Süßkartoffel-Tomaten-Suppe

Sonne im Teller, Sonne im Herzen

2 kleine Schalotten
2 kleine Knoblauchzehen
3 – 4 EL Olivenöl
2 Süßkartoffeln (etwa 500 g)
4 Tomaten
600 ml kalte Gemüsebrühe
3 EL frisch gepresster Zitronensaft
3 – 4 MSP fein abgeriebene Zitronenschale
200 ml Sojasahne
4 – 5 EL fein gehacktes Basilikum
Meersalz
frisch gemahlener weißer Pfeffer

➤ Die Schalotten und Knoblauchzehen schälen, fein hacken und im heißen Öl anschwitzen.
➤ Die Süßkartoffeln schälen und mittelfein würfeln. Zu den Schalotten und dem Knoblauch in den Topf geben und kurz anschwitzen. Die Tomaten mittelfein würfeln, hinzufügen und alles nochmals kurz anschwitzen.
➤ Mit der Brühe ablöschen und unter Rühren kurz zum Kochen bringen. Die Temperatur reduzieren und das Gemüse unter gelegentlichem Rühren sehr weich kochen.
➤ Den Topf vom Herd nehmen und den Zitronensaft und die Zitronenschale unterrühren. Alles mit dem Pürierstab fein cremig pürieren.
➤ Den Topf zurück auf den Herd geben und die Suppe nochmals kurz zum Kochen bringen.
➤ Den Topf wieder vom Herd nehmen und die Sojasahne sowie das Basilikum unterrühren. Die Suppe herzhaft mit Salz und Pfeffer abschmecken. Zuerst bei Raumtemperatur abkühlen, dann im Kühlschrank gut durchkühlen lassen. Die Suppe 15 Minuten vor dem Servieren aus dem Kühlschrank nehmen.

Tomatenkaltschale mit Basilikum

Sommerfrüchte für heiße Tage

2 kleine Frühlingszwiebeln
1 – 2 Knoblauchzehen
6 Tomaten
2 kleine rote Paprikaschoten
130 g in Öl eingelegte, getrocknete Tomaten (etwa 10 Stück)
5 EL Einlegeflüssigkeit der Tomaten
300 ml sehr kaltes Wasser
2 TL roter Balsamessig
1 TL mildes Paprikapulver
5 EL fein gehacktes Basilikum
Meersalz
frisch gemahlener schwarzer Pfeffer

➤ Die Frühlingszwiebeln in Ringe schneiden. Die Knoblauchzehen
  schälen und grob hacken. Die Tomaten grob würfeln. Die Paprika
  vierteln, entkernen und würfeln. Die getrockneten Tomaten in
  Streifen schneiden.
➤ Das Gemüse mit der Einlegeflüssigkeit der getrockneten Tomaten
  in ein großes, hochwandiges Rührgefäß geben.
➤ Die Hälfte des Wassers sowie den Essig und das Paprikapulver hinzu-
  fügen. Alles mit dem Pürierstab fein cremig pürieren. Das restliche
  Wasser hinzufügen und nochmals kurz pürieren.
➤ Das Basilikum unterrühren und die Suppe herzhaft mit Salz und
  Pfeffer abschmecken. Vor dem Servieren etwa 15 Minuten ziehen
  lassen.

Tipps

• Die Suppe schmeckt am besten, wenn Sie die Tomaten (sowohl die frischen
als auch die in Öl eingelegten, getrockneten) und Paprikaschoten vor der
Verwendung 60 Minuten in den Kühlschrank legen.
• Reste dieser Suppe sollten im Kühlschrank aufbewahrt und spätestens
am Folgetag verzehrt werden.

Für Eilige –
fertig gekocht in etwa 15 Minuten

Knoblauchcremesüppchen

Schmeckt gut, tut gut

1 kleine Zwiebel
4 – 6 große Knoblauchzehen
4 – 5 EL Olivenöl
5 Scheiben Vollkorntoastbrot (etwa 130 g)
900 ml Sojadrink
2 TL Weißweinessig
125 ml Sojasahne
4 EL fein gehackte glatte Petersilie
Meersalz
frisch gemahlener weißer Pfeffer

➤ Die Zwiebel und die Knoblauchzehen schälen, mittelfein hacken und kurz im heißen Öl anschwitzen. Darauf achten, dass der Knoblauch nicht braun wird, weil er dann bitter schmeckt.

➤ Die Toastscheiben im Toaster kross rösten und in Würfel schneiden. Zur Zwiebel und zum Knoblauch in den Topf geben und kurz anbraten.

➤ Mit dem Sojadrink ablöschen. Alles unter Rühren kurz aufkochen. Die Temperatur reduzieren und die Suppe 4 – 5 Minuten köcheln lassen, bis das Brot weich ist.

➤ Den Topf vom Herd nehmen, den Essig unterrühren und alles mit dem Pürierstab fein cremig pürieren.

➤ Den Topf zurück auf den Herd geben. Die Sojasahne und Petersilie unterrühren. Die Suppe 2 – 3 weitere Minuten köcheln lassen.

➤ Vor dem Servieren herzhaft mit Salz und Pfeffer abschmecken.

Tipp

Statt der Zwiebel können Sie auch 1 Schalotte oder 3 kleine Frühlingszwiebeln verwenden.

Bohnencremesuppe
mit mediterranen Kräutern

Cremig und aromatisch

1 Zwiebel
2 – 3 EL Olivenöl
250 g gegarte weiße Riesenbohnen
4 EL Maismehl
1 große Knoblauchzehe
700 ml Sojadrink
2 EL Weißweinessig
1 MSP frisch geriebene Muskatnuss
125 ml Sojasahne
3 EL fein gehackte glatte Petersilie
1 EL fein gehackter Majoran
1 TL fein gehackter Rosmarin
1 TL fein gehackter Thymian
Meersalz
frisch gemahlene Chiliflocken

➤ Die Zwiebel schälen, fein hacken und kurz im heißen Öl anschwitzen.
➤ Den Topf vom Herd nehmen und die Bohnen und das Maismehl hinzufügen. Die Knoblauchzehe schälen und durch eine Knoblauchpresse zu den Bohnen geben. Alles kurz verrühren.
➤ Die Hälfte des Sojadrinks unterrühren und die Zubereitung mit dem Pürierstab fein cremig pürieren. Den restlichen Sojadrink, den Essig und die Muskatnuss unterrühren und nochmals kurz pürieren.
➤ Den Topf zurück auf den Herd geben und die Suppe unter Rühren kurz zum Kochen bringen. Die Temperatur deutlich reduzieren und die Sojasahne sowie die Kräuter unterrühren. Die Suppe 3 weitere Minuten unter gelegentlichem Rühren köcheln lassen.
➤ Vor dem Servieren herzhaft mit Salz und Chiliflocken abschmecken.

Tipps

• Sollten Sie keine frischen Kräuter zur Hand haben, können Sie stattdessen entweder eine mediterrane Kräutermischung aus der Tiefkühltruhe oder 2 – 3 TL getrocknete Pizzakräuter verwenden.

• Diese Cremesuppe lässt sich weiter verfeinern, indem Sie auf jede Portion 1 gehäuften EL Bärlauchpesto (siehe Seite 64) geben.

• Lecker ist es auch, wenn Sie 8 in Öl eingelegte, getrocknete Tomaten in Streifen schneiden und diese nach dem Aufkochen zur Suppe geben.

Haferflockensuppe

Mit kernigen Flocken schnell gemacht

5 Frühlingszwiebeln
3 – 4 EL Rapsöl
100 g kernige Hafervollkornflocken oder Dinkelvollkornflocken
1 ¼ l kalte oder heiße Gemüsebrühe
2 EL Weißweinessig
1 Stängel Liebstöckel (falls vorhanden)
1 Bund Schnittlauch
Meersalz
frisch gemahlener weißer Pfeffer

➤ Die Frühlingszwiebeln in feine Ringe schneiden und kurz im heißen Öl anschwitzen.

➤ Die Haferflocken oder Dinkelflocken, die Brühe, den Essig und Liebstöckel hinzufügen und alles unter Rühren kurz zum Kochen bringen. Die Temperatur reduzieren und die Suppe unter gelegentlichem Rühren 5 – 6 Minuten köcheln lassen.

➤ Den Schnittlauch fein hacken. Den Liebstöckel entfernen und den Schnittlauch unter die Suppe ziehen.

➤ Die Haferflockensuppe vor dem Servieren herzhaft mit Salz und Pfeffer abschmecken.

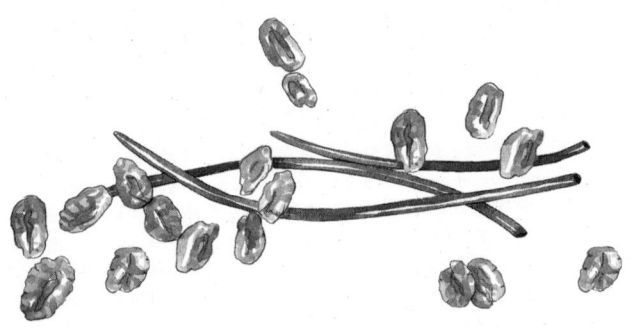

Mais-Tomaten-Suppe ☼

Für ganz eilige Fälle

4 Frühlingszwiebeln
2 – 3 EL Rapsöl
1 – 2 Knoblauchzehen
4 Tomaten
250 g gegarter Gemüsemais
2 EL Weißweinessig
1 TL getrockneter Thymian
1 ¼ l heiße Gemüsebrühe
4 – 5 EL fein gehacktes Basilikum
Meersalz
frisch gemahlener schwarzer Pfeffer

➤ Die Frühlingszwiebeln in feine Ringe schneiden und zum heißen Öl in den Topf geben. Die Knoblauchzehen schälen und durch eine Knoblauchpresse zu den Frühlingszwiebeln in den Topf geben. Das Zwiebel-Knoblauch-Gemüse kurz anschwitzen.

➤ Die Tomaten mittelfein würfeln, zum Zwiebel-Knoblauch-Gemüse geben und kurz anschwitzen.

➤ Den Gemüsemais, Essig, Thymian und die Brühe hinzufügen. Alles unter Rühren kurz zum Kochen bringen. Die Temperatur reduzieren und die Suppe unter gelegentlichem Rühren etwa 5 Minuten köcheln lassen.

➤ Das Basilikum unterrühren und die Suppe vor dem Servieren herzhaft mit Salz und Pfeffer abschmecken.

Tipp

Falls Sie kein frisches Basilikum im Haus haben, können Sie stattdessen Petersilie oder Schnittlauch verwenden. Oder Sie »ernten« das Basilikum aus Ihrem Gefriergerät.

Miso-Gemüse-Suppe
Der Suppenklassiker aus Japan

200 g Naturtofu
4 dünne Frühlingszwiebeln
2 kleine Karotten
3 – 4 EL Erdnussöl oder Rapsöl
1 ¼ l kalte oder heiße Gemüsebrühe
4 EL fein gehackte glatte Petersilie
2 – 3 EL Miso (zum Beispiel Genmai Miso)
frisch gemahlener weißer Pfeffer

➤ Den Tofu kurz mit klarem Wasser abbrausen, in Küchenpapier einschlagen und das überschüssige Wasser vorsichtig auspressen. Danach den Tofu fein würfeln.

➤ Die Frühlingszwiebeln in feine Ringe schneiden. Die Karotten schälen und grob raspeln. Das Gemüse im heißen Öl kurz scharf anbraten, dann die Brühe hinzufügen.

➤ Die Suppe unter Rühren kurz zum Kochen bringen. Die Temperatur reduzieren, die Tofuwürfel unterrühren und die Suppe 3 – 4 Minuten köcheln lassen.

➤ Die Petersilie und das Miso unterrühren. Die Suppe mit etwas Pfeffer würzen und servieren.

Tipps

• Das Miso nicht mitkochen lassen, weil es bei zu hohen Temperaturen schnell ausflockt.

• Falls Sie eine kräftigere Misosorte als das vorgeschlagene Genmai Miso wählen, sollten Sie etwas weniger Miso verwenden oder nach Ihrem Geschmack dosieren.

• Statt der Frühlingszwiebeln kann 1 dicke Stange Lauch verwendet werden.

• Besonders aromatisch wird die Misosuppe, wenn Sie nach dem Aufkochen der Suppe 2 – 3 EL getrocknete, zerstoßene Wakame unterrühren.

Polentasuppe mit Paprika ☼

Aromatisch mit dem goldenen Korn

4 Frühlingszwiebeln
3 – 4 EL Olivenöl
2 kleine rote Paprikaschoten
200 g Polenta
600 ml heiße Gemüsebrühe
600 ml Sojadrink
2 TL getrocknete Pizzakräuter
2 EL weißer Balsamessig
2 EL Hefeflocken
1 große Knoblauchzehe
1 TL mildes Paprikapulver
3 EL fein gehackte glatte Petersilie
Meersalz
frisch gemahlener weißer Pfeffer

➤ Die Frühlingszwiebeln in feine Ringe schneiden und kurz im heißen Öl anschwitzen.
➤ Die Paprika vierteln, entkernen und in Streifen schneiden. Zu den Frühlingszwiebeln in den Topf geben und kurz anschwitzen.
➤ Die Polenta dazugeben und mit dem Gemüse verrühren. Die Brühe in kleinen Portionen unterrühren.
➤ Den Sojadrink sowie die Pizzakräuter hinzufügen und die Suppe unter Rühren kurz zum Kochen bringen. Die Temperatur deutlich reduzieren und den Essig, die Hefeflocken und das Paprikapulver hinzufügen.
➤ Die Knoblauchzehe schälen und durch eine Knoblauchpresse zum Polenta-Gemüse in den Topf geben. Die Suppe unter gelegentlichem Rühren etwa 5 Minuten köcheln lassen.
➤ Die Petersilie unterrühren und die Suppe vor dem Servieren herzhaft mit Salz und Pfeffer abschmecken.

Rote-Bete-Bananen-Suppe

Würzig mit einem Hauch von Süße

1 Schalotte
1 walnussgroßes Stück Ingwer
3 – 4 EL Rapsöl
500 g gegarte Rote Beten
5 EL Maismehl
600 ml heiße Gemüsebrühe
2 kleine, reife Bananen
150 ml Sojasahne
2 EL Apfel-Balsamessig
1 TL mildes Currypulver
4 EL fein gehackte krause Petersilie
Meersalz
frisch gemahlener weißer Pfeffer

➤ Die Schalotte und den Ingwer schälen, grob hacken und kurz im heißen Öl anschwitzen.
➤ Die Roten Beten mittelfein würfeln, zur Schalotte und zum Ingwer in den Topf geben und kurz anschwitzen.
➤ Das Maismehl unterrühren. Die Brühe unter Rühren in kleinen Portionen hinzufügen. So lange rühren, bis sich alle Klümpchen aufgelöst haben. Die Suppe unter Rühren kurz zum Kochen bringen.
➤ Die Bananen schälen, in Scheiben schneiden, zur Suppe geben und 3 – 4 Minuten köcheln lassen.
➤ Den Topf vom Herd nehmen und die Suppe mit dem Pürierstab fein cremig pürieren.
➤ Die Sojasahne, den Essig und das Currypulver hinzufügen und die Suppe zurück auf den Herd geben. Nochmals kurz erhitzen, aber nicht mehr kochen.
➤ Die Petersilie unterrühren und die Suppe vor dem Servieren herzhaft mit Salz und Pfeffer abschmecken.

Zucchini-Kokosmilch-Suppe ☼

So einfach, so gut

2 Zucchini
2 kleine Knoblauchzehen
4 EL frisch gepresster Zitronensaft
3 – 4 MSP fein abgeriebene Zitronenschale
400 ml Kokosmilch
500 ml heiße Gemüsebrühe
4 EL fein gehackte glatte Petersilie
Meersalz
frisch gemahlene Chiliflocken

➤ Die Zucchini und Knoblauchzehen schälen und grob würfeln.
(Wer die Zucchini ungeschält verwenden möchte, sollte sich nicht
an der dann grünen Farbe der Suppe stören.)
➤ Zucchini und Knoblauch mit dem Zitronensaft, der Zitronenschale
und Kokosmilch in den Mixbehälter der Küchenmaschine oder in
den Standmixer geben. Alles fein cremig pürieren und in einen Topf
gießen.
➤ Die Brühe hinzufügen und unter Rühren zum Kochen bringen.
➤ Die Petersilie einrühren und die Suppe herzhaft mit Salz und
Chiliflocken abschmecken.

Tipp

Falls Sie einen leistungsstarken Pürierstab besitzen, können Sie die Zucchini,
Knoblauchzehen, Zitronenschale, den Zitronensaft und die Kokosmilch auch
direkt im Topf pürieren.

Tomatencremesuppe aus dem Mixer

Fixer Mix

1 große Ochsenherztomate (etwa 600 g)
1 kleiner Zucchino
2 kleine Frühlingszwiebeln
65 g Cashewnüsse
350 ml kalte oder heiße, kräftige Gemüsebrühe
6 Blätter Basilikum
4 EL Tomatenmark
1 ½ EL roter Balsamessig
1 TL mildes Paprikapulver
4 EL fein gehackte glatte Petersilie
Meersalz
frisch gemahlener schwarzer Pfeffer

> ➤ Die Ochsenherztomate grob würfeln. Den Zucchino in Scheiben schneiden. Die Frühlingszwiebeln in Ringe schneiden.
> ➤ Die Tomate mit dem Zucchino, den Frühlingszwiebeln und Cashewnüssen in den Mixbehälter der Küchenmaschine oder in den Standmixer geben.
> ➤ Die Brühe, das Basilikum, Tomatenmark, den Essig und das Paprikapulver hinzufügen. Alles gründlich pürieren, sodass eine feine Creme entsteht.
> ➤ Die Tomatencreme in einen Topf geben und unter Rühren zum Kochen bringen.
> ➤ Die Petersilie einrühren und die Suppe vor dem Servieren herzhaft mit Salz und Pfeffer abschmecken.

Tipps

- Etwas reichhaltiger wird die Suppe, wenn Sie nach dem Aufkochen noch 125 ml Sojasahne unterrühren.
- Im Vergleich zu »normalen« Tomaten sind die fleischigen, stark gerippten Ochsenherztomaten, die auf Italienisch »cuore di bue« und auf Französisch »cœur de bœuf« genannt werden, wahre Giganten, von denen eine einzelne Frucht gut und gern 600 g auf die Waage bringen kann. Das Fruchtfleisch ist relativ fest, nicht wässrig und hat ein leicht süßliches Aroma. Bei vollreifen Früchten ist die Schale weich, das Fruchtfleisch allerdings noch schön schnittfest, sodass Ochsenherztomaten gern für Salate (zum Beispiel für insalata caprese) verwendet werden. Aber auch für Suppen und Saucen sind sie wunderbar geeignet, weil diese Tomatensorte ein optimales Verhältnis von Säure zu Zucker hat. Ochsenherztomaten kommen meist noch relativ grün in den Handel, reifen aber schnell nach und sollten im vollreifen Stadium möglichst bald verbraucht werden.

Brennnesselsuppe mit Avocado

Macht munter und vital

300 g geputzte Brennnesselblätter
300 g geschälte Kartoffeln (3 – 4 kleine Kartoffeln)
1 große Schalotte
1 – 2 Knoblauchzehen
3 – 4 EL Rapsöl
2 MSP frisch geriebene Muskatnuss
900 ml kalte oder heiße Gemüsebrühe
1 reife Avocado
2 EL Weißweinessig
100 ml Sojasahne
Meersalz
frisch gemahlener weißer Pfeffer

➤ Die Brennnesselblätter waschen und gut abtropfen lassen, die Kartoffeln mittelfein würfeln (das Mengenverhältnis von Brennnesselblättern zu Kartoffeln sollte 1:1 betragen). Die Schalotte und die Knoblauchzehen schälen, fein hacken und im heißen Öl anschwitzen. Die Brennnesseln dazugeben und anschwitzen, bis sie in sich zusammenfallen.

➤ Die Kartoffeln mittelfein würfeln und mit der Muskatnuss und Brühe zum Brennnesselgemüse geben. Die Suppe unter Rühren kurz zum Kochen bringen. Die Temperatur reduzieren und die Suppe unter gelegentlichem Rühren etwa 20 Minuten köcheln lassen, bis die Kartoffeln sehr weich sind.

➤ Den Topf vom Herd nehmen und die Suppe mit dem Pürierstab fein cremig pürieren.

➤ Die Avocado halbieren und den Kern entfernen. Das Fruchtfleisch auslöffeln und mit dem Essig zur Suppe geben. Alles nochmals gründlich pürieren.

➤ Die Suppe zurück auf den Herd geben und die Sojasahne unterrühren. Die Suppe nochmals gründlich erhitzen, aber nicht mehr kochen.

➤ Vor dem Servieren herzhaft mit Salz und Pfeffer abschmecken.

Curry-Apfel-Suppe

Herzhafte Raffinesse mit Äpfeln

2 dünne Stangen Lauch
3 – 4 EL Rapsöl
6 Äpfel
1 – 2 Knoblauchzehen
1 walnussgroßes Stück Ingwer
400 ml kalte Gemüsebrühe
2 EL Apfel-Balsamessig
2 TL Ahornsirup
2 TL mildes Currypulver
2 TL gemahlene Kurkuma
2 MSP gemahlener Piment
2 MSP gemahlener Kreuzkümmel
2 MSP gemahlener Koriander
2 MSP frisch gemahlener weißer Pfeffer
250 ml Sojasahne
4 EL fein gehackte glatte Petersilie
Meersalz
frisch gemahlene Chiliflocken

➤ Den Lauch in feine Ringe schneiden und im heißen Öl so lange anschwitzen, bis er in sich zusammenfällt.

➤ Die Äpfel entkernen und mittelfein würfeln. Die Knoblauchzehen und den Ingwer schälen und mittelfein hacken. Die Äpfel, Knoblauchzehen und den Ingwer zum Lauch in den Topf geben. Alles kurz anschwitzen, dann mit der Brühe ablöschen.

➤ Die Suppe unter Rühren kurz zum Kochen bringen, die Temperatur reduzieren und unter gelegentlichem Rühren gut 15 Minuten köcheln lassen, bis die Äpfel weich sind und zerfallen.

➤ Den Topf vom Herd nehmen und alles mit dem Pürierstab fein cremig pürieren.

➤ Den Essig, Ahornsirup, das Currypulver, die Kurkuma, den Piment, Kreuzkümmel, Koriander und Pfeffer hinzufügen. Nochmals kurz pürieren.

➤ Den Topf zurück auf den Herd geben und die Sojasahne hinzufügen. Alles unter gelegentlichem Rühren 3 – 4 weitere Minuten köcheln lassen.

➤ Die Petersilie unterrühren und die Curry-Apfel-Suppe vor dem Servieren herzhaft mit Salz und Chiliflocken abschmecken.

Tipp

Falls Sie keinen Apfel-Balsamessig im Haus haben, können Sie diesen durch 1 EL Apfelessig ersetzen.

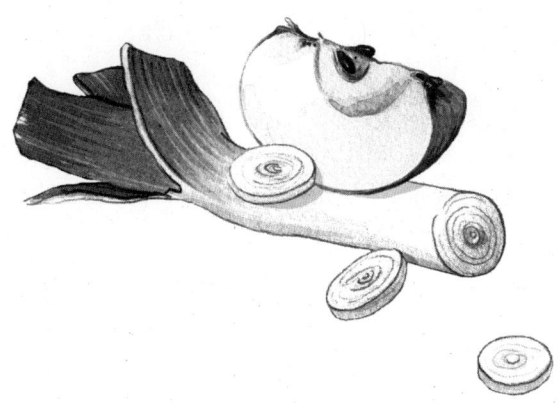

Fruchtige Pastinaken-Birnen-Suppe ☼

Seelenfutter für kalte Tage

2 Schalotten
1 kirschgroßes Stück Ingwer
2 – 3 EL Rapsöl
500 g Pastinaken
400 g Kartoffeln (etwa 4 kleine Kartoffeln)
1 große, reife Birne
300 ml naturtrüber, ungesüßter Apfelsaft
300 ml Wasser
1 ½ EL Apfel-Balsamessig
200 ml Sojadrink
100 ml Sojasahne
4 EL fein gehackte glatte Petersilie
Meersalz
frisch gemahlener weißer Pfeffer

➤ Die Schalotten und den Ingwer schälen und fein hacken. Beides im heißen Öl anschwitzen.
➤ Die Pastinaken sowie Kartoffeln schälen und mittelfein würfeln. Die Birne schälen, entkernen und grob würfeln. Die Pastinaken, Kartoffeln und die Birne zu den Schalotten in den Topf geben. Den Apfelsaft und das Wasser hinzufügen. Alles unter Rühren kurz zum Kochen bringen. Die Temperatur deutlich reduzieren und die Suppe unter gelegentlichem Rühren gut 20 Minuten köcheln lassen, bis das Gemüse weich ist.
➤ Den Topf vom Herd nehmen. Den Essig unterrühren und die Suppe mit dem Pürierstab fein cremig pürieren.
➤ Den Topf zurück auf den Herd geben, den Sojadrink hinzufügen und die Suppe unter Rühren nochmals kurz zum Kochen bringen. Die Temperatur deutlich reduzieren und die Sojasahne sowie Petersilie unterrühren. Die Suppe etwa 5 Minuten ziehen lassen.
➤ Vor dem Servieren herzhaft mit Salz und Pfeffer abschmecken.

Goldene Bananen-Curry-Suppe ☼

Weil Banane glücklich macht

4 Frühlingszwiebeln
1 frische rote Chilischote
1 walnussgroßes Stück Ingwer
1 TL mildes Currypulver
1 TL gemahlene Kurkuma
3 MSP gemahlener Koriander
2 MSP gemahlenes Zitronengras
4 – 5 EL Rapsöl
500 ml kalte Gemüsebrühe
3 reife Bananen
4 EL frisch gepresster Zitronensaft
500 ml Sojadrink
125 ml Sojasahne
5 EL fein gehackter Schnittlauch
Meersalz

➤ Die Frühlingszwiebeln in feine Ringe schneiden. Die Chilischote der Länge nach halbieren, die Samen entfernen und die Schote mittelfein hacken (falls Sie nicht so gerne scharf essen oder Kinder mit am Tisch sitzen, sollten Sie auf die Chilischote verzichten und die Bananensuppe mit (milderer) grüner Chilisauce abschmecken). Den Ingwer schälen und mittelfein hacken.
➤ Die Frühlingszwiebeln, die Chilischote, den Ingwer sowie das Currypulver, die Kurkuma, den Koriander und das Zitronengras im heißen Öl kurz anschwitzen. Mit der Brühe ablöschen.
➤ Die Bananen schälen, in Scheiben schneiden und mit dem Zitronensaft zum Zwiebelgemüse geben. Alles unter Rühren kurz aufkochen.
➤ Den Topf vom Herd nehmen und das Bananengemüse mit dem Pürierstab fein cremig pürieren.
➤ Den Sojadrink hinzufügen und nochmals kurz pürieren.
➤ Den Topf zurück auf den Herd geben und die Suppe nochmals gut erhitzen, aber nicht mehr kochen. Die Sojasahne und den Schnittlauch unterrühren und die Suppe 2 – 3 Minuten ziehen lassen.
➤ Vor dem Servieren herzhaft mit Salz abschmecken.

Grüne Spargelsuppe mit Rosmarin

Da sieht die Welt gleich viel grüner aus!

500 g grüner Spargel
4 – 5 EL Olivenöl
2 Frühlingszwiebeln
1 – 2 Knoblauchzehen
1 große Kartoffel
250 ml trockener Weißwein,
  ersatzweise knapp 250 ml naturtrüber, ungesüßter Apfelsaft
  mit 2 EL Weißweinessig
300 ml Sojadrink
1 kleiner Zweig Rosmarin
150 ml Sojasahne
Meersalz
frisch gemahlener weißer Pfeffer

➤ Vom Spargel die holzigen Enden abschneiden. Die Spargelköpfe vorsichtig abschneiden und beiseite legen. Die Spargelstangen in dünne Scheiben schneiden.

➤ Die Spargelköpfe in 2 EL Öl anschwitzen. Danach aus dem Topf nehmen und beiseite legen.

➤ In den Topf 2 – 3 EL Öl geben. Die Frühlingszwiebeln in feine Ringe schneiden. Die Knoblauchzehen schälen und fein hacken. Die Frühlingszwiebeln und den Knoblauch im heißen Öl anschwitzen.

➤ Die Spargelscheiben hinzufügen und kurz anschwitzen.

➤ Die Kartoffel schälen, mittelfein würfeln und ebenfalls in den Topf geben. Mit dem Weißwein ablöschen. Alles unter Rühren kurz zum Kochen bringen. Die Temperatur reduzieren und die Suppe unter gelegentlichem Rühren 15 – 20 Minuten köcheln lassen, bis das Gemüse weich ist.

➤ Den Topf vom Herd nehmen, den Sojadrink hinzufügen und alles mit dem Pürierstab fein cremig pürieren.

- ➤ Die Rosmarinnadeln vom Zweig abzupfen und fein hacken.
- ➤ Den Topf zurück auf den Herd geben, den Rosmarin hinzufügen und die Suppe unter Rühren kurz zum Kochen bringen. Die Temperatur deutlich reduzieren und die Sojasahne und die Spargelköpfe hinzufügen. Die Suppe etwa 5 weitere Minuten köcheln lassen, bis auch die Spargelköpfe gut erhitzt sind.
- ➤ Die Spargelsuppe vor dem Servieren herzhaft mit Salz und Pfeffer abschmecken.

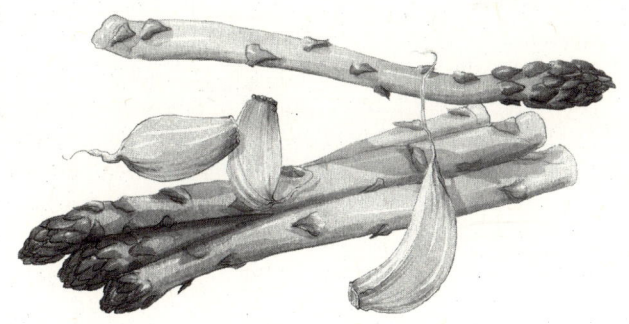

Kohlrabi-Zucchini-Eintopf mit Amarant

Cremig, sämig, köstlich

200 g Amarant
etwa 350 ml Wasser
Meersalz
4 Frühlingszwiebeln
3 – 4 EL Olivenöl
1 großer Kohlrabi
1 Zucchino
3 EL frisch gepresster Zitronensaft
3 MSP fein abgeriebene Zitronenschale
350 ml Sojadrink
150 ml Sojasahne
4 EL fein gehackte krause Petersilie
3 EL fein gehackter Schnittlauch
2 EL fein gehackte Zitronenmelisse
2 EL Hefeflocken
2 MSP fein gemahlener weißer Pfeffer
grüne Chilisauce

➤ Den Amarant in ein feines Sieb geben, heiß abwaschen und abtropfen lassen. Mit dem Kochwasser und 1 knapp gestrichenen TL Salz in einen Topf geben. Kurz unter Rühren aufkochen, dann bei geringer Temperatur unter gelegentlichem Rühren 35 – 40 Minuten bissfest garen. Sollte der Amarant zum Ende der Kochzeit am Topfboden ansetzen, noch etwas Wasser hinzufügen.

➤ Die Frühlingszwiebeln in feine Ringe schneiden und in einem zweiten großen Topf im heißen Öl anschwitzen. Den Kohlrabi schälen und ebenso wie den Zucchino mittelfein würfeln. Beides zu den Frühlingszwiebeln geben, anschwitzen, Saft und Schale der Zitrone hinzufügen und das Gemüse unter Rühren bissfest schmoren.

➤ Den gegarten Amarant und Sojadrink zum Gemüse in den Topf geben. Alles etwa 10 weitere Minuten köcheln lassen.

➤ Die Sojasahne, Kräuter, Hefeflocken und den Pfeffer unterrühren und den Eintopf etwa 5 Minuten ziehen lassen.

➤ Vor dem Servieren herzhaft mit Salz und Chilisauce abschmecken.

Kürbiscremesuppe mit Apfelwein ☼

Novemberblues ade

1 Zwiebel
1 Knoblauchzehe
3 – 4 EL Rapsöl
750 g (ungeschälter) Hokkaidokürbis ohne Kerne
1 große Kartoffel
1 Apfel
Meersalz
500 ml (alkoholfreier) Apfelwein
200 ml Sojadrink
1 EL fein gehackter Majoran
1 ½ TL gemahlene Kurkuma
2 MSP frisch geriebene Muskatnuss
125 ml Sojasahne
3 EL fein gehackte glatte Petersilie
frisch gemahlener weißer Pfeffer

➤ Die Zwiebel und Knoblauchzehe schälen, fein hacken und im heißen Öl anschwitzen. Das Kürbisfleisch grob würfeln, zur Zwiebel und zum Knoblauch in den Topf geben und kurz anschwitzen.

➤ Die Kartoffel schälen und grob würfeln. Den Apfel entkernen und grob würfeln. Die Kartoffel und den Apfel mit 1 TL Salz zum Kürbisgemüse in den Topf geben. Alles nochmals kurz scharf anbraten, dann mit dem Apfelwein ablöschen.

➤ Das Gemüse unter gelegentlichem Rühren etwa 20 Minuten sehr weich kochen.

➤ Den Topf vom Herd nehmen und das Gemüse mit dem Pürierstab fein cremig pürieren. Den Sojadrink hinzufügen und nochmals kurz pürieren.

➤ Den Topf zurück auf den Herd geben und den Majoran sowie die Kurkuma und Muskatnuss unterrühren. Alles nochmals unter Rühren kurz zum Kochen bringen. Die Temperatur deutlich reduzieren, die Sojasahne und Petersilie unterziehen und die Suppe 5 Minuten ziehen lassen.

➤ Vor dem Servieren herzhaft mit Salz und Pfeffer abschmecken.

Zucchini-Reis-Eintopf mit Thymian

Tröstliches am frischen Sommerabend

1 Zwiebel
3 – 4 EL Olivenöl
2 rote Paprikaschoten
2 große Zucchini
300 g Vollkornreis
600 ml kalte Gemüsebrühe
2 TL fein gehackter Thymian
1 TL mildes Paprikapulver
4 EL fein gehackte glatte Petersilie
Meersalz
frisch gemahlener schwarzer Pfeffer

➤ Die Zwiebel schälen, fein hacken und im heißen Öl anschwitzen.
➤ Die Paprika vierteln, entkernen und mittelfein würfeln. Die Zucchini ebenfalls mittelfein würfeln. Die Paprika und Zucchini zur Zwiebel in den Topf geben und kurz anschwitzen.
➤ Den Reis hinzufügen und nochmals kurz anschwitzen. Mit der Brühe ablöschen.
➤ Den Eintopf unter Rühren kurz zum Kochen bringen. Die Temperatur reduzieren, den Thymian und das Paprikapulver unterrühren und den Eintopf gut 20 Minuten unter gelegentlichem Rühren köcheln lassen, bis der Reis bissfest gegart ist. Sollte zu viel Flüssigkeit verdampfen und der Reis am Topfboden ansetzen, noch etwas Brühe hinzufügen.
➤ Die Petersilie unterrühren und den Eintopf 3 – 4 Minuten ziehen lassen.
➤ Vor dem Servieren herzhaft mit Salz und Pfeffer abschmecken.

Pfifferlingsrahmsuppe mit Kresse ☼

Ein kulinarisches Highlight des Sommers

400 g Pfifferlinge
2 MSP Speisenatron
2 kleine Schalotten
2 kleine Knoblauchzehen
4 – 5 EL Rapsöl
5 EL Maismehl
700 ml kalte Gemüsebrühe
1 TL fein gehackter Thymian
2 MSP frisch geriebene Muskatnuss
2 TL Apfel-Balsamessig
300 ml Sojasahne
Meersalz
frisch gemahlener weißer Pfeffer
5 – 6 EL Gartenkresse

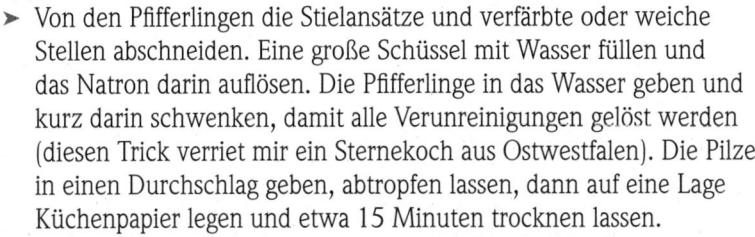

➤ Von den Pfifferlingen die Stielansätze und verfärbte oder weiche Stellen abschneiden. Eine große Schüssel mit Wasser füllen und das Natron darin auflösen. Die Pfifferlinge in das Wasser geben und kurz darin schwenken, damit alle Verunreinigungen gelöst werden (diesen Trick verriet mir ein Sternekoch aus Ostwestfalen). Die Pilze in einen Durchschlag geben, abtropfen lassen, dann auf eine Lage Küchenpapier legen und etwa 15 Minuten trocknen lassen.

➤ Die Schalotten und Knoblauchzehen schälen, mittelfein hacken und kurz im heißen Öl anschwitzen. Die Pfifferlinge grob zerkleinern, hinzufügen und kurz anschwitzen. Das Maismehl dazugeben und alles nochmals kurz anschwitzen.

➤ Die Brühe unter Rühren in kleinen Portionen hinzufügen. Thymian und Muskatnuss dazugeben. Alles unter Rühren kurz zum Kochen bringen. Die Temperatur reduzieren, den Essig hinzufügen und die Suppe unter gelegentlichem Rühren gut 15 Minuten köcheln lassen.

➤ Den Topf vom Herd nehmen und die Suppe mit dem Pürierstab fein cremig pürieren. Den Topf zurück auf den Herd geben und die Sojasahne unterrühren. Nochmals gut erhitzen, aber nicht mehr kochen.

➤ Herzhaft mit Salz und Pfeffer abschmecken und mit Kresse überstreut servieren.

Für kulinarische Weltenbummler

Bündner Gerstensuppe

Kindheitserinnerung aus der Schweiz

1 Zwiebel
1 große Knoblauchzehe
3 – 4 EL Rapsöl
1 Stange Lauch
3 Karotten
125 g Rollgerste oder grobe Perlgraupen
1 EL fein gehackter Thymian
⅓ TL Roh-Rohrzucker
1 MSP frisch geriebene Muskatnuss
1 l kalte, kräftige Gemüsebrühe
3 Stangen Staudensellerie
½ TL Rauchpaprikapulver, ersatzweise scharfes Paprikapulver
5 EL fein gehackte krause Petersilie
Meersalz
frisch gemahlener weißer Pfeffer
5 – 6 EL Röstzwiebeln (siehe Seite 186)

➤ Die Zwiebel und Knoblauchzehe schälen, fein hacken und im heißen Öl anschwitzen.

➤ Den Lauch in feine Ringe schneiden, zum Zwiebelgemüse in den Topf geben und kurz anschwitzen.

➤ Die Karotten schälen und in Scheiben schneiden. Zum Zwiebelgemüse in den Topf geben und ebenfalls kurz anschwitzen.

➤ Die Rollgerste oder Perlgraupen, den Thymian, Zucker, die Muskatnuss und Brühe hinzufügen. Alles unter Rühren kurz zum Kochen bringen. Die Temperatur reduzieren und die Suppe unter gelegentlichem Rühren etwa 15 Minuten köcheln lassen.

➤ Den Staudensellerie in Scheiben schneiden und mit dem Rauchpaprikapulver in die Suppe geben. Die Suppe etwa 10 weitere Minuten köcheln lassen.

➤ Die Petersilie unterrühren und die Suppe herzhaft mit Salz und Pfeffer abschmecken.

➤ Die Suppe auf Suppenteller verteilen und mit den Röstzwiebeln überstreut servieren.

Chinesische Tofu-Nudel-Suppe

Schnell gemacht, gesund und super lecker

für 4 bis 6 Portionen

3 Frühlingszwiebeln
2 Knoblauchzehen
1 walnussgroßes Stück Ingwer
½ – 1 frische rote Chilischote
3 – 4 EL Erdnussöl oder Sojaöl
1 dünne Stange Lauch
1 große Karotte
400 g Pak Choi
250 g Brokkoliröschen
1 ¾ l kalte oder heiße Gemüsebrühe
200 g Naturtofu
125 g Mie-Nudeln
100 g Mungbohnensprossen oder Sojabohnensprossen
1 ⅓ TL chinesisches Fünf-Gewürze-Pulver
4 – 5 EL Sojasauce
5 EL fein gehackte glatte Petersilie

> ➤ Die Frühlingszwiebeln in feine Ringe schneiden. Den Knoblauch und Ingwer schälen und fein hacken. Die Chilischote der Länge nach halbieren, die Samen entfernen und die Chilischote fein hacken.
> ➤ Die Frühlingszwiebeln, den Knoblauch, Ingwer und die Chilischote im heißen Öl anschwitzen.
> ➤ Den Lauch der Länge nach halbieren und in feine Halbmonde schneiden. Die Karotte schälen und in dünne Stifte schneiden.
> ➤ Den Pak Choi in dünne Streifen schneiden. Die Brokkoliröschen mundgerecht zerkleinern.
> ➤ Den Lauch und die Karotte zum Zwiebelgemüse in den Topf geben und kurz anschwitzen. Den Pak Choi und die Brokkoliröschen hinzufügen und ebenfalls kurz anschwitzen.

- Die Brühe hinzugießen und alles unter Rühren kurz zum Kochen bringen. Die Temperatur reduzieren und die Suppe unter gelegentlichem Rühren 8 – 10 Minuten köcheln lassen.
- Den Tofu kurz mit klarem Wasser abbrausen, in Küchenpapier einschlagen und vorsichtig das überschüssige Wasser auspressen. Danach den Tofu mundgerecht würfeln und zur Suppe geben.
- Die Mie-Nudeln mit den Händen zerbrechen, sodass mundgerechte Stücke entstehen, und zur Suppe geben.
- Die Mungbohnensprossen, das Fünf-Gewürze-Pulver sowie die Sojasauce hinzufügen und alles gut 5 weitere Minuten köcheln lassen, bis die Mie-Nudeln bissfest gegart sind.
- Die Petersilie unterrühren und die Suppe servieren.

Tipp

Sollten Sie keinen Pak Choi zur Hand haben, können Sie diesen durch Mangold oder frischen Blattspinat ersetzen. Den Blattspinat sollten Sie jedoch erst mit den Mie-Nudeln und dem Tofu zur Suppe geben.

Gemüse-Bouillabaisse

Der südfranzösische Klassiker für die gesellige Runde

5 Tomaten (etwa 600 g)
½ Bund glatte Petersilie
1 Schalotte
2 – 3 Knoblauchzehen
2 Frühlingszwiebeln
4 große Kartoffeln
2 Karotten
1 Stange Lauch
2 kleine Fenchelknollen
1 große rote Paprikaschote
4 – 5 EL Olivenöl
2 TL getrocknete Kräuter der Provence
½ TL Fenchelsamen
2 Lorbeerblätter
1 l kalte oder heiße Gemüsebrühe
Saft einer kleinen Zitrone
3 MSP fein abgeriebene Zitronenschale
2 Briefchen Safranfäden oder gemahlener Safran (0,2 g)
3 – 4 MSP scharfes Paprikapulver
Meersalz
frisch gemahlener weißer Pfeffer

➤ Die Tomaten an den Stielansätzen kreuzweise einschneiden, mit kochend heißem Wasser überbrühen und etwa 5 Minuten im heißen Wasser lassen. Das Wasser abgießen, die Tomaten kurz mit kaltem Wasser abschrecken, enthäuten und mittelfein würfeln.

➤ Die Petersilie fein hacken. Die Schalotte sowie die Knoblauchzehen schälen und fein hacken. Die Frühlingszwiebeln in feine Ringe schneiden.

➤ Die Kartoffeln schälen und mittelfein würfeln. Die Karotten schälen und ebenso wie den Lauch in feine Scheiben schneiden.

➤ Die Fenchelknollen vierteln und die harten Strünke entfernen. Den Fenchel mittelfein würfeln. Die Paprika vierteln, entkernen und in Streifen schneiden.

- ➤ Die Schalotte, die Frühlingszwiebeln und den Knoblauch im heißen Öl anschwitzen. Den Lauch, die Karotten, den Fenchel sowie die Paprika dazugeben und jeweils kurz anschwitzen.
- ➤ Die Kräuter der Provence, Fenchelsamen und Lorbeerblätter sowie die Brühe dazugeben. Alles unter Rühren kurz zum Kochen bringen. Die Temperatur deutlich reduzieren und die Suppe etwa 10 Minuten köcheln lassen.
- ➤ Die Kartoffeln und Tomaten dazugeben und die Suppe so lange unter gelegentlichem Rühren köcheln lassen, bis das Gemüse weich, aber noch bissfest ist.
- ➤ Den Zitronensaft, die Zitronenschale, den Safran, das Paprikapulver sowie die Hälfte der Petersilie unterrühren. Die Suppe nochmals gründlich erhitzen, aber nicht mehr kochen.
- ➤ Die Lorbeerblätter entfernen und die Suppe herzhaft mit Salz und Pfeffer abschmecken.
- ➤ Zum Servieren die Suppe auf Suppenteller verteilen und mit der verbliebenen Petersilie überstreuen.

Tipp

Traditionell werden zur Bouillabaisse Baguette und Rouille, eine scharfe Würzsauce, serviert. Bei Tisch rührt man in jede Portion Bouillabaisse 1 gehäuften TL Rouille. Das Rezept für Rouille finden Sie auf der folgenden Seite.

Rouille

2 Knoblauchzehen
1 frische rote Chilischote
½ TL grobes Meersalz
2 Scheiben altbackenes Weißbrot ohne Rinde
etwas Wasser oder kalte Gemüsebrühe
1 Briefchen gemahlener Safran (0,1g)
125 ml Olivenöl

➤ Die Knoblauchzehen schälen, vierteln und die grünen Keime im Inneren entfernen (siehe hierzu auch den Hinweis beim Rezept für Gazpacho auf Seite 115 – auch in Frankreich verfährt man bei der Zubereitung vieler Gerichte so, auch um die Geruchsbeeinträchtigung durch den Knoblauch zu verringern). Die Chilischote der Länge nach halbieren und die Samen entfernen. Den Knoblauch und die Chilischote grob zerkleinern. Mit dem Salz in einen Mörser geben und zu einer feinen Paste zermusen.

➤ Das Brot kurz in etwas Wasser oder Brühe einweichen, gründlich mit den Händen ausdrücken und mit der Knoblauch-Chili-Paste vermischen. Den Safran unterrühren.

➤ Das Olivenöl unter ständigem Rühren im feinen Strahl einträufeln lassen und so lange rühren, bis eine cremige Sauce entstanden ist.

Tipp

Achtung! Die Würzsauce ist in der Regel sehr scharf. Falls Sie es nicht ganz so scharf mögen, können Sie die Sauce »entschärfen«, indem Sie ½ rote Paprikaschote, die Sie ebenfalls im Mörser zerstoßen, und zusätzlich ½ eingeweichte Scheibe Brot dazugeben. Anstelle der beiden Scheiben Weißbrot können auch 2 gegarte Pellkartoffeln verwendet werden.

Indische Tomatensuppe mit Sesam

Wunderbar leicht und aromatisch

5 EL Sesamsamen
5 EL geröstetes Sesamöl
2 große Knoblauchzehen
4 Tomaten
1 frische, große rote Chilischote
1 walnussgroßes Stück Ingwer
1 l kalte oder heiße Gemüsebrühe
2 TL mildes Currypulver
½ TL gemahlener Kreuzkümmel
5 – 6 EL fein gehackte Korianderblätter
  oder fein gehackte glatte Petersilie
Meersalz

> Die Sesamsamen in einer kleinen Pfanne kurz trocken anrösten, bis sie anfangen zu duften. Das Sesamöl dazugeben und erwärmen, aber nicht kochen. Auf der abgeschalteten Herdplatte warm halten.
> Die Knoblauchzehen schälen und grob zerkleinern. 2 Tomaten vierteln und mit den Knoblauchzehen in ein hochwandiges Rührgefäß geben. Mit dem Pürierstab fein cremig pürieren.
> Die restlichen 2 Tomaten fein würfeln. Die Chilischote der Länge nach halbieren und die Samen entfernen. Den Ingwer schälen und sehr fein hacken.
> Die Brühe in einen Suppentopf gießen und zum Kochen bringen. Die gewürfelten Tomaten, den Ingwer, die Chilischotenhälften sowie das Currypulver und den Kreuzkümmel unterrühren und die Suppe unter gelegentlichem Rühren etwa 15 Minuten köcheln lassen.
> Das Tomaten-Knoblauch-Püree unterrühren und die Suppe gut 5 weitere Minuten köcheln lassen.
> Die Chilischotenhälften entfernen. Den Koriander oder die Petersilie unterrühren und die Suppe herzhaft mit Salz abschmecken.
> Die Suppe in Suppenteller geben und die Sesamsamen mit dem Öl darauf verteilen.

Hirsesuppe auf toskanische Art

Mediterraner Auftritt für ein paradiesisches Korn

4 Frühlingszwiebeln
2 große Knoblauchzehen
4 EL Olivenöl
2 große rote Paprikaschoten
3 Stangen Staudensellerie
250 g Hirse
1 l heiße Gemüsebrühe
1 TL fein gehackter Thymian
1 TL fein gehackter Rosmarin
1 TL fein gehackter Oregano
½ TL fein gehackter Liebstöckel
12 in Öl eingelegte, getrocknete Tomaten
3 EL Hefeflocken
1 TL mildes Paprikapulver
⅓ TL scharfes Paprikapulver
3 EL fein gehacktes Basilikum
1 EL fein gehackter Estragon
1 EL fein gehackter Kerbel
Meersalz
frisch gemahlener weißer Pfeffer

➤ Die Frühlingszwiebeln in feine Ringe schneiden. Die Knoblauchzehen schälen und fein hacken. Beides im heißen Öl anschwitzen.
➤ Die Paprika vierteln, entkernen und in feine Würfel schneiden.
Den Staudensellerie in feine Scheiben schneiden. Die Paprika und
den Staudensellerie zum Zwiebelgemüse in den Topf geben und
kurz anschwitzen.
➤ Die Hirse in ein feines Sieb geben, kurz mit heißem Wasser über-
brausen und etwas abtropfen lassen. Zum Gemüse in den Topf
geben.

➤ Die Brühe hinzufügen und alles unter Rühren kurz zum Kochen bringen. Den Thymian, Rosmarin, Oregano und Liebstöckel unterrühren und die Suppe unter gelegentlichem Rühren 15 – 20 Minuten köcheln lassen, bis die Hirse bissfest gegart ist. Sollte die Hirse zum Ende der Kochzeit am Topfboden ansetzen, noch etwas Brühe hinzufügen.

➤ Die Tomaten etwas abtropfen lassen und in Streifen schneiden. Mit den Hefeflocken und dem Paprikapulver in den Topf geben. Die Suppe etwa 5 weitere Minuten köcheln lassen.

➤ Das Basilikum, den Estragon und Kerbel unterrühren und die Suppe kurz ziehen lassen.

➤ Vor dem Servieren herzhaft mit Salz und Pfeffer abschmecken.

Marokkanischer Sommereintopf

Kulinarischer Ausflug in den Souk

für etwa 6 Portionen

1 Zwiebel
2 Knoblauchzehen
3 – 4 EL Olivenöl
2 große rote Paprikaschoten
3 Zucchini (etwa 650 g)
400 g geschälte Tomaten in Stücken
2 – 3 EL fein gehackte Minze
2 EL fein gehackter Estragon
1 TL fein gehackter Thymian
1 TL fein gehackter Rosmarin
1/3 TL Fenchelsamen
1/3 TL gemahlener Kreuzkümmel
1/3 TL gemahlener Koriander
1 MSP gemahlener Zimt
300 ml Wasser
250 g gegarte Kichererbsen
3 EL Tomatenmark
1 – 2 EL frisch gepresster Zitronensaft
2 MSP fein abgeriebene Zitronenschale
4 EL fein gehackte glatte Petersilie
Meersalz
frisch gemahlener schwarzer Pfeffer

> ➤ Die Zwiebel und die Knoblauchzehen schälen, fein hacken und im heißen Öl anschwitzen.
> ➤ Die Paprikaschoten vierteln, entkernen und würfeln. Die Zucchini der Länge nach halbieren und würfeln. Die Paprika zur Zwiebel und zum Knoblauch in den Topf geben und kurz anschwitzen. Die Zucchini hinzufügen und ebenfalls kurz anschwitzen. Mit den geschälten Tomaten ablöschen.
> ➤ Die Minze, den Estragon, Thymian, Rosmarin, die Fenchelsamen sowie den Kreuzkümmel, Koriander und Zimt unterrühren.

➤ Das Wasser hinzufügen und alles unter Rühren kurz zum Kochen bringen. Die Temperatur reduzieren und den Eintopf so lange köcheln lassen, bis das Gemüse bissfest gegart ist.

➤ Die Kichererbsen, das Tomatenmark, den Zitronensaft und die Zitronenschale hinzufügen und den Eintopf nochmals so lange köcheln lassen, bis die Kichererbsen gründlich erhitzt sind.

➤ Die Petersilie unterrühren und den Eintopf vor dem Servieren herzhaft mit Salz und Pfeffer abschmecken.

Tipp

Weil es energetisch und hinsichtlich des Zeitaufwandes nicht sinnvoll ist, eine kleine Menge getrocknete Hülsenfrüchte separat zu garen (für diese Suppe wären es etwa 100 g getrocknete Kichererbsen), gehe ich bei diesem Rezept bewusst von fertig gegarten Kichererbsen aus. Die anderen Zutaten für diese Suppe sind zudem relativ schnell fertig gegart. Hülsenfrüchte lassen sich in größeren Mengen gut auf Vorrat kochen (siehe Seite 30) oder wählen Sie fertig gegarte Kichererbsen aus dem Glas. Ähnliches gilt in diesem Buch auch für andere Rezepte, wo ich auf fertig gegarte Hülsenfrüchte zurückgreife.

Pusztaeintopf ☼

Besonders aromatisch durch Spitzpaprika

1 große rote Zwiebel
2 – 3 Knoblauchzehen
3 – 4 EL Rapsöl
5 große rote Spitzpaprikaschoten (550 – 600 g)
4 Kartoffeln
400 g geschälte Tomaten in Stücken
250 ml Wasser
2 Lorbeerblätter
2 EL fein gehackter Majoran
1 TL fein gehackter Thymian
2 MSP Roh-Rohrzucker
150 g gegarte Kidneybohnen
4 EL Tomatenmark
1 TL Speisestärke
1 ½ TL mildes Paprikapulver
½ TL scharfes Paprikapulver
4 EL fein gehackte glatte Petersilie
Meersalz
frisch gemahlener schwarzer Pfeffer

➤ Die Zwiebel und die Knoblauchzehen schälen, fein hacken und im heißen Öl anschwitzen. Die Paprikaschoten vierteln, entkernen und fein würfeln. Zum Zwiebelgemüse geben und kurz anschwitzen. Die Kartoffeln schälen, fein würfeln und ebenfalls in den Topf geben.

➤ Die Tomaten und das Wasser hinzufügen. Die Lorbeerblätter, den Majoran, Thymian und Zucker unterrühren. Alles unter Rühren kurz zum Kochen bringen. Die Temperatur deutlich reduzieren und den Eintopf unter gelegentlichem Rühren so lange köcheln lassen, bis die Kartoffelwürfel bissfest gegart sind.

➤ Die Lorbeerblätter aus dem Eintopf nehmen. Die Kidneybohnen unterrühren. Das Tomatenmark mit Speisestärke und Paprikapulver verrühren. Zum Eintopf geben und gründlich unterrühren. Unter gelegentlichem Rühren etwa 10 weitere Minuten köcheln lassen.
➤ Die Petersilie unterrühren und den 2 – 3 Minuten ziehen lassen. Vor dem Servieren herzhaft mit Salz und Pfeffer abschmecken.

Ratatouille-Suppe

Sommergruß aus der Provence

für gut 6 Portionen

1 große Zwiebel
2 – 3 Knoblauchzehen
3 – 4 EL Olivenöl
2 große rote Paprikaschoten
1 Aubergine
2 große Zucchini
5 Tomaten
2 TL getrocknete Kräuter der Provence
750 ml heiße Gemüsebrühe
4 EL Tomatenmark
2 EL Rotweinessig
1 TL mildes Paprikapulver
½ TL scharfes Paprikapulver
2 MSP Roh-Rohrzucker
5 EL fein gehackte glatte Petersilie
Meersalz
frisch gemahlener schwarzer Pfeffer

- ➤ Die Zwiebel und die Knoblauchzehen schälen, fein hacken und im heißen Öl anschwitzen.
- ➤ Die Paprikaschoten vierteln, entkernen und mittelfein würfeln. Zur Zwiebel und zum Knoblauch in den Topf geben und kurz anschwitzen.
- ➤ Die Aubergine und die Zucchini mittelfein würfeln. Ebenfalls in den Topf geben und kurz anschwitzen.
- ➤ Die Tomaten in dünne Spalten schneiden und mit den Kräutern der Provence in den Topf geben. Die Brühe hinzufügen und alles unter Rühren kurz zum Kochen bringen. Die Temperatur reduzieren und die Suppe unter gelegentlichem Rühren etwa 20 Minuten köcheln lassen, bis das Gemüse weich ist.

➤ Den Topf vom Herd nehmen und das Gemüse mit dem Pürierstab pürieren. Die Suppe sollte cremig, aber noch ein wenig stückig sein.

➤ Das Tomatenmark, den Essig, das Paprikapulver und den Zucker unterrühren. Die Ratatouille-Suppe zurück auf den Herd geben und gut 10 Minuten köcheln lassen.

➤ Die Petersilie unterziehen und die Suppe vor dem Servieren herzhaft mit Salz und Pfeffer abschmecken.

Tipps

• Besonders aromatisch schmeckt die Ratatouille-Suppe, wenn Sie jede Portion vor dem Servieren mit 1 EL Olivenöl überträufeln.

• In Frankreich weiß man, dass die Suppe aufgewärmt fast noch besser schmeckt.

Safran-Gemüse-Eintopf aus Murcia ☼

¡Olé! Aus dem Suppentopf

für 6 bis 8 Portionen

150 g getrocknete weiße Bohnen
150 g getrocknete Kichererbsen
Wasser zum Einweichen und Garen der Hülsenfrüchte
2 Lorbeerblätter
1 Stängel Bohnenkraut
2 Kartoffeln
2 Karotten
250 g (ungeschälter) Hokkaidokürbis ohne Kerne
250 g geputzte grüne Bohnen
2 Birnen
2 EL Weißweinessig
1 Zwiebel
2 – 3 Knoblauchzehen
5 – 6 EL Olivenöl
3 Tomaten
2 TL mildes Paprikapulver
½ Bund glatte Petersilie
12 – 15 Blätter Minze
1 Briefchen gemahlener Safran (0,1 g)
Meersalz
frisch gemahlener schwarzer Pfeffer

➤ Die Bohnen und Kichererbsen in reichlich Wasser über Nacht einweichen. In einen Durchschlag gießen, kurz mit klarem Wasser abspülen und etwas abtropfen lassen.

➤ Die Bohnen, Kichererbsen und Lorbeerblätter mit dem Bohnenkraut und etwa 600 ml Wasser in einen großen Topf geben. Alles kurz zum Kochen bringen. Die Temperatur deutlich reduzieren und die Hülsenfrüchte unter gelegentlichem Rühren etwa 40 Minuten köcheln lassen. Danach die Lorbeerblätter und das Bohnenkraut entfernen.

> Die Kartoffeln schälen und mittelfein würfeln. Die Karotten schälen und in dünne Scheiben schneiden. Das Kürbisfleisch mittelfein würfeln. Die grünen Bohnen mundgerecht zerkleinern.

> Die Kartoffeln, Karotten, den Kürbis und die grünen Bohnen zu den Hülsenfrüchten in den Topf geben. Alles unter gelegentlichem Rühren etwa 25 Minuten köcheln lassen.

> Die Birnen entkernen, mittelfein würfeln und mit dem Essig zum Eintopf geben. Unter gelegentlichem Rühren etwa 25 weitere Minuten köcheln lassen. Sollte der Eintopf zum Ende der Kochzeit am Topfboden ansetzen, noch etwas Wasser hinzufügen.

> In der Zwischenzeit die Zwiebel und die Knoblauchzehen schälen, fein hacken und im heißen Öl in einer Pfanne leicht anbräunen.

> Die Tomaten fein würfeln und mit dem Paprikapulver zur Zwiebel und zum Knoblauch in die Pfanne geben. So lange unter gelegentlichem Rühren schmoren, bis die Tomaten anfangen zu zerfallen. Das Tomatengemüse zum Gemüseeintopf geben und unterrühren.

> Die Petersilie und Minze fein hacken und mit dem Safran in den Topf geben. Den Eintopf etwa 10 weitere Minuten köcheln lassen.

> Vor dem Servieren herzhaft mit Salz und Pfeffer abschmecken.

Tipps

- Dieser Eintopf stammt aus der spanischen Region Murcia, in der traditionell viel Gemüse angebaut wird.
- Statt des Hokkaidokürbisses können Sie auch Muskatkürbis oder Butternut-Kürbis verwenden. Diese müssen vor der Verwendung jedoch geschält werden.

Schwedische Brotsuppe

Kreative Resteverwertung auf skandinavische Art

500 g altbackenes Roggenbrot oder Roggenmischbrot
1 große Zwiebel
2 große Knoblauchzehen
1 Stange Lauch
4 – 5 EL Rapsöl
1 l kalte Gemüsebrühe
1 kleiner Zweig Rosmarin
2 MSP frisch geriebene Muskatnuss
200 ml Sojasahne
4 – 5 EL fein gehackter Schnittlauch
Meersalz
frisch gemahlener weißer Pfeffer

➤ Das Brot in dicke Scheiben schneiden und die Scheiben in der trockenen Pfanne von beiden Seiten anrösten. Danach etwas abkühlen lassen und mittelfein würfeln.

➤ Die Zwiebel und die Knoblauchzehen schälen und mittelfein hacken. Den Lauch in dünne Ringe schneiden.

➤ Die Zwiebel und Knoblauchzehen im Topf im heißen Öl anschwitzen. Den Lauch hinzufügen und so lange anschwitzen, bis er in sich zusammenfällt.

➤ Die Brotwürfel hinzufügen und mit dem Gemüse kurz anschwitzen. Mit der Brühe ablöschen.

➤ Die Rosmarinnadeln vom Zweig abzupfen und mit der Muskatnuss in den Topf geben. Alles unter Rühren kurz zum Kochen bringen. Die Temperatur deutlich reduzieren und die Suppe unter gelegentlichem Rühren etwa 20 Minuten köcheln lassen.

➤ Den Topf vom Herd nehmen und die Suppe mit dem Pürierstab fein cremig pürieren.

➤ Die Sojasahne hinzufügen, die Suppe zurück auf den Herd geben und etwa 5 weitere Minuten köcheln lassen.

➤ Den Schnittlauch unterrühren und die Suppe vor dem Servieren herzhaft mit Salz und Pfeffer abschmecken.

Tipp

Besonders hübsch sieht es aus, wenn Sie die Suppe in den Tellern mit 2 kleinen, in feine Ringe geschnittenen Frühlingszwiebeln überstreut servieren. Falls keine Frühlingszwiebeln zur Hand sind, können Sie auch 3 – 4 zusätzliche EL fein gehackten Schnittlauch verwenden.

Apfelporridge mit Zimt und Vanille
Süßes Süppchen auf britische Art

2 große Äpfel
4 EL Roh-Rohrzucker
2 EL frisch gepresster Zitronensaft
150 g kernige Hafervollkornflocken
700 ml Sojadrink
½ TL gemahlener Zimt
3 MSP gemahlene Bourbonvanille
1 MSP feines Meersalz
4 EL Ahornsirup

➤ Die Äpfel entkernen und fein würfeln.
➤ Den Zucker mit dem Zitronensaft unter Rühren in einem Topf erhitzen, bis der Zucker anfängt zu karamellisieren.
➤ Die Apfelwürfel hinzufügen und kurz unter Rühren scharf anbraten. Die Temperatur deutlich reduzieren und die Haferflocken sowie den Sojadrink hinzufügen.
➤ Den Zimt, die Vanille und das Salz unterrühren und den Apfel-porridge unter gelegentlichem Rühren so lange köcheln lassen, bis die Apfelwürfel weich sind.
➤ Den heißen Apfelporridge in Suppenteller geben und jede Portion vor dem Servieren mit 1 EL Ahornsirup beträufeln.

Tipps

• Statt der Haferflocken können Sie auch Dinkelflocken verwenden.
• Noch reichhaltiger wird der Apfelporridge, wenn Sie zusätzlich 4 EL Sultaninen nach dem Anbraten der Apfelwürfel mit in den Topf geben und mit den anderen Zutaten köcheln lassen sowie vor dem Servieren 4 EL grob gehackte Walnusskerne unterrühren.
• Früher wurde Porridge in Großbritannien abends angesetzt, auf den Herd gestellt und war morgens zu einem Brei eingekocht. Heute kocht man den Porridge dort in der Regel morgens frisch und genießt ihn etwas »kerniger« und durchaus auch als »sweet soup« (süße Suppe).

Aprikosenkaltschale mit Himbeeren

Aromatische Verführung im Frühsommer

750 g nicht zu weiche Aprikosen
½ Zitrone
3 – 4 EL Roh-Rohrzucker
1 Päckchen Bourbonvanillezucker
2 – 3 MSP fein abgeriebene Zitronenschale
750 ml heller Traubensaft
3 – 4 Zweige Zitronenthymian
4 TL Speisestärke
5 EL Wasser
200 g Himbeeren (frisch oder tiefgekühlt und leicht angetaut)

➤ Achten Sie darauf, keine vollreifen, sondern noch etwas feste Aprikosen zu verwenden. Vollreife Aprikosen lassen sich zwar leichter enthäuten, danach aber kaum noch in Würfel schneiden, wodurch die Kaltschale zu breiig wird.

➤ Die Aprikosen kreuzweise einschneiden und mit kochend heißem Wasser übergießen. Etwa 10 Minuten ziehen lassen, dann in einen Durchschlag gießen, kurz mit kaltem Wasser abschrecken und abtropfen lassen. Die Aprikosen enthäuten, halbieren, die Steine entfernen und das Fruchtfleisch mittelfein würfeln.

➤ Den Saft der Zitrone auspressen. Die Aprikosen mit dem Zucker, Vanillezucker, Zitronensaft und der Zitronenschale in einen Topf geben und kurz anschwitzen.

➤ Mit dem Traubensaft ablöschen und alles unter Rühren kurz zum Kochen bringen. Die Temperatur reduzieren, den Zitronenthymian hinzufügen und die Suppe etwa 10 Minuten köcheln lassen, bis die Aprikosen weich sind. Den Zitronenthymian entfernen.

➤ Die Stärke mit dem Wasser glatt rühren. Zur Aprikosenzubereitung in den Topf geben und unter Rühren nochmals so lange (kurz) aufkochen, bis die Kaltschale eindickt.

➤ Die Himbeeren unterrühren und die Kaltschale 1 – 2 weitere Minuten kochen lassen. Die Kaltschale auf Raumtemperatur abkühlen, danach im Kühlschrank gut durchkühlen lassen.

Fixe Bananen-Zitrus-Suppe mit Sojajoghurt

Fruchtig frisch und schnell gemacht

2 große, reife Bananen
1 walnussgroßes Stück Ingwer
1 Zitrone
350 g Sojajoghurt
5 – 6 EL Ahornsirup
3 MSP fein abgeriebene Zitronenschale
3 MSP gemahlene Bourbonvanille
20 g gepoppter Amarant
4 EL blanchierte und gemahlene Mandeln
4 – 5 Blätter Zitronenmelisse

➤ Die Bananen schälen und in Scheiben schneiden. Den Ingwer schälen und in feine Scheiben schneiden. Den Saft der Zitrone auspressen.

➤ Die Bananen und den Ingwer mit dem Sojajoghurt, Ahornsirup, dem Zitronensaft, der Zitronenschale und Vanille in ein hochwandiges Rührgefäß geben. Alles fein cremig pürieren.

➤ Den Amarant und die Mandeln unterrühren.

➤ Zum Servieren die Zitronenmelisse sehr fein hacken und unterziehen.

Tipps

• Diese fruchtig frische Suppe schmeckt am besten, wenn der Sojajoghurt vor der Verwendung sehr gut gekühlt wurde.

• Reste dieser Suppe sollten spätestens am Folgetag verzehrt werden.

Italienische Erdbeerkaltschale

Süße Früchte wie in Bella Italia

500 g Erdbeeren
5 – 6 Blätter Basilikum
3 – 4 EL Roh-Rohrzucker
1 Päckchen Bourbonvanillezucker
2 EL mildes Olivenöl
1 EL rote Balsamicocreme
1 – 2 MSP frisch gemahlener weißer Pfeffer
350 g Sojajoghurt
100 ml Sojasahne

➤ Die Erdbeeren putzen. Von den Erdbeeren 300 g abnehmen und ebenso wie die Basilikumblätter grob zerkleinern.

➤ Die zerkleinerten Erdbeeren mit den Basilikumblättern, dem Zucker, Vanillezucker, Öl, der Balsamicocreme und dem Pfeffer in ein hochwandiges Rührgefäß geben. Mit dem Pürierstab fein cremig pürieren.

➤ Den Sojajoghurt und die Sojasahne hinzufügen und nochmals kurz pürieren.

➤ Die restlichen Erdbeeren fein würfeln und vorsichtig unter die Joghurtzubereitung ziehen.

➤ Die Erdbeerkaltschale vor dem Servieren 30 Minuten in den Kühlschrank geben.

Tipp

Reste der Kaltschale sollten spätestens am Folgetag verzehrt werden.

Hirsesuppe mit Vanille-Heidelbeeren

Das etwas andere Sonntagsfrühstück

200 g Hirse
800 ml Sojadrink
1 MSP feines Meersalz
1 Bourbonvanilleschote
1 Zimtstange
5 – 6 EL Ahornsirup
2 – 3 EL frisch gepresster Zitronensaft
300 g Heidelbeeren (frisch oder tiefgekühlt)

➤ Die Hirse in ein feines Küchensieb geben, heiß abwaschen und abtropfen lassen. Die Hirse mit dem Sojadrink und Salz in einen Topf geben und unter Rühren kurz zum Kochen bringen. Die Temperatur deutlich reduzieren.

➤ Das Mark der Vanilleschote auskratzen und mit der Schote sowie der Zimtstange zur Hirse in den Topf geben. Die Hirsezubereitung unter gelegentlichem Rühren bei schwacher Temperatur etwa 20 Minuten ausquellen lassen, bis die Hirse weich ist. Sollte die Hirse am Topfboden ansetzen, noch etwas Sojadrink hinzufügen.

➤ Die Vanilleschote und Zimtstange entfernen. Den Ahornsirup und Zitronensaft unterrühren.

➤ Die Heidelbeeren hinzufügen und die Hirsesuppe unter wenig Rühren 3 – 4 weitere Minuten köcheln lassen (bei tiefgekühlten Heidelbeeren etwas länger), bis die Heidelbeeren gründlich erhitzt sind. Noch heiß servieren.

Tipp

Es sieht besonders hübsch aus und schmeckt schön frisch, wenn Sie jede Portion Hirsesuppe vor dem Servieren mit 1 EL fein gehackter Minze überstreuen.

Norwegische Knäckebrotsuppe mit Apfel

Knäckebrot mal ganz anders

100 g Roggenknäckebrot
3 Äpfel
4 – 5 EL frisch gepresster Zitronensaft
2 MSP fein abgeriebene Zitronenschale
1 Bourbonvanilleschote
70 g Roh-Rohrzucker
1 knapp gestrichener TL gemahlener Zimt
5 EL Sultaninen
1 MSP feines Meersalz
1 l Sojadrink
5 EL gehackte Mandeln

➤ Das Knäckebrot in einen stabilen Gefrierbeutel geben, diesen mit einer Klemme verschließen und das Knäckebrot mit einem Nudelholz fein zerkrümeln.

➤ Das Knäckebrot in einen Topf geben und ohne Fett kurz anrösten, bis es anfängt zu duften.

➤ Die Äpfel entkernen und mittelfein würfeln. Mit dem Zitronensaft und der Zitronenschale zum Knäckebrot in den Topf geben.

➤ Das Mark der Vanilleschote auskratzen und zusammen mit dem Zucker, Zimt, den Sultaninen, dem Salz und Sojadrink in den Topf geben.

➤ Alles unter Rühren kurz aufkochen. Die Temperatur deutlich reduzieren und die Suppe etwa 20 Minuten unter gelegentlichem Rühren köcheln lassen, bis die Äpfel weich sind.

➤ Die Mandeln unterrühren und die Suppe vor dem Servieren 2 – 3 Minuten ziehen lassen.

Tipp

Besonders lecker schmeckt die Suppe, wenn Sie jede Portion mit 2 EL Ahornsirup überträufeln.

Schokosuppe mit Mandeln

Schokolade, Schokolade!

1 l Mandeldrink
4 EL ungesüßtes Kakaopulver
2 EL Speisestärke
130 g Roh-Rohrzucker
100 g gemahlene Mandeln
1 TL gemahlener Zimt
4 MSP gemahlene Bourbonvanille
1 MSP feines Meersalz
100 ml Cognac (falls erwünscht)
100 g Zartbitterschokolade
5 – 6 EL Mandelblättchen

➤ Vom Mandeldrink 100 ml abnehmen und mit dem Kakaopulver und der Speisestärke verrühren. Den restlichen Mandeldrink mit dem Zucker, den Mandeln, dem Zimt, der Vanille und dem Salz in einem Topf verrühren. Die Flüssigkeit unter Rühren zum Kochen bringen.
➤ Die angerührte Speisestärke-Kakaopulver-Mischung hinzufügen. Alles unter Rühren 2 – 3 Minuten kochen lassen, bis die Flüssigkeit eindickt. Den Topf vom Herd nehmen und, falls erwünscht, den Cognac unterrühren. Die Schokosuppe etwa 5 Minuten leicht abkühlen lassen.
➤ Die Schokolade grob hacken und zur Suppe geben. So lange rühren, bis die Schokolade geschmolzen ist. Die Suppe auf Raumtemperatur abkühlen lassen, dabei umrühren, damit sich kein Häutchen bildet. Danach die Suppe im Kühlschrank gut durchkühlen lassen.
➤ Zum Servieren die Suppe mit den Mandelblättchen überstreuen.

Tipp

Wenn Kinder mitessen, wird die Suppe ohne Cognac zubereitet. Statt des Cognacs können Sie Mandelsirup oder Haselnusssirup verwenden. Weil der Sirup sehr süß ist, reichen bei dieser Zubereitung 100 g Zucker zum Süßen aus. Falls Sie weder Cognac noch Sirup verwenden möchten, rühren Sie einfach 100 ml mehr Mandeldrink unter.

Tutti-Frutti-Rhabarberkaltschale ☼

Lecker, wenn im Frühjahr der Rhabarber sprießt

600 g Rhabarber
2 kleine Äpfel
75 g Roh-Rohrzucker
3 Orangen
1 kleine Zimtstange
2 MSP fein abgeriebene Orangenschale
350 ml naturtrüber, ungesüßter Apfelsaft
2 TL Speisestärke

➤ Den Rhabarber schälen (falls nötig) und in Scheiben schneiden. Die Äpfel entkernen und mittelfein würfeln.
➤ Den Saft der Orangen auspressen (es werden etwa 350 ml Saft benötigt). Den Zucker mit 2 EL Orangensaft in einen Topf geben und bei hoher Temperatur unter Rühren zum Karamellisieren bringen.
➤ Den Rhabarber und die Äpfel hinzufügen und so lange (kurz) bei hoher Temperatur anbraten, bis das Obst anfängt, Saft abzugeben. Mit dem restlichen Orangensaft ablöschen und die Temperatur deutlich reduzieren.
➤ Die Zimtstange, abgeriebene Orangenschale und 300 ml Apfelsaft hinzufügen. Alles gut 15 Minuten unter gelegentlichem Rühren köcheln lassen, bis das Obst weich ist.
➤ Den Topf vom Herd nehmen und die Zimtstange entfernen.
➤ Alles mit dem Pürierstab fein cremig pürieren.
➤ Die Speisestärke mit den restlichen 50 ml Apfelsaft verrühren. Den Topf zurück auf den Herd geben und die angerührte Speisestärke unterrühren. Alles unter Rühren nochmals kurz zum Kochen bringen.
➤ Den Topf vom Herd nehmen und die Rhabarberkaltschale erst auf Raumtemperatur abkühlen, dann im Kühlschrank gut durchkühlen lassen.

Zucchini-Apfel-Suppe mit Kokos

Süße Erste Hilfe für die Zucchinischwemme

600 g Zucchini (etwa 4 kleine Zucchini)
2 Äpfel
4 – 5 EL frisch gepresster Zitronensaft
90 g Roh-Rohrzucker
1 MSP feines Meersalz
½ Bourbonvanilleschote
100 ml Wasser
600 ml Sojadrink
70 g Kokosraspel

➤ Die Zucchini schälen und mittelfein würfeln (wer die Zucchini ungeschält verwenden möchte, sollte sich nicht an der Grünfärbung
der Suppe stören). Die Äpfel schälen, entkernen und mittelfein
würfeln. Das Mark der Vanilleschote auskratzen.

➤ Zucchini und Äpfel mit dem Zitronensaft, Zucker, Salz, Vanillemark
und der Vanilleschote in einen Topf geben und kurz unter Rühren
anschwitzen.

➤ Mit dem Wasser ablöschen. Die Temperatur deutlich reduzieren und
das Zucchinigemüse unter gelegentlichem Rühren gut 15 Minuten
sehr weich kochen.

➤ Den Topf vom Herd nehmen und die Vanilleschote entfernen.

➤ Den Sojadrink hinzufügen und alles mit dem Pürierstab fein cremig
pürieren.

➤ Die Kokosraspel unterrühren, den Topf zurück auf den Herd geben und die Suppe nochmals gründlich erhitzen, aber nicht mehr
kochen. Noch heiß servieren.

Tipps

• Nach noch mehr Kokos schmeckt diese ungewöhnliche köstliche Suppe,
wenn Sie nach dem Pürieren noch 2 EL natives Kokosöl in den Topf geben
und mit den anderen Zutaten erhitzen.
• Wenn Sie möchten, können Sie jede Portion vor dem Servieren mit 1 EL
Kokosraspel überstreuen.

Für noch mehr Suppenglück –
Einlagen und Beilagen

Cashew Sour Cream

Hat es in sich, fast alle Suppen zu verfeinern

175 g Cashewnüsse
500 ml kochend heißes Wasser zum Einweichen
125 ml kaltes Wasser zum Pürieren
1 ½ EL frisch gepresster Zitronensaft
1 EL Apfelessig
½ TL Meersalz
2 – 3 MSP frisch gemahlener weißer Pfeffer
1 MSP Roh-Rohrzucker

➤ Die Cashewnüsse mit dem heißen Wasser übergießen und etwa 60 Minuten darin quellen lassen. Die Cashewnüsse in ein Sieb geben, mit klarem Wasser abbrausen und abtropfen lassen.

➤ Die Cashewnüsse mit dem kalten Wasser, Zitronensaft, Apfelessig, Meersalz, Pfeffer und Zucker in den Mixbehälter der Küchenmaschine oder in den Standmixer geben und fein cremig pürieren.

➤ Zum Servieren 2 – 3 EL Cashew Sour Cream auf die Suppe im Suppenteller oder in der Suppentasse geben und leicht unterrühren. Cashew Sour Cream passt besonders gut zu Cremesuppen und Eintöpfen.

Tipps

• Wenn Sie die Cashew Sour Cream noch etwas sämiger zubereiten möchten, sollten Sie etwas weniger Wasser zum Pürieren verwenden. Soll die Cashew Sour Cream dagegen etwas flüssiger sein, müssen Sie noch ein wenig zusätzliches Wasser hinzufügen.

• Reste der Cashew Sour Cream halten sich in einem verschlossenen Glas im Kühlschrank etwa 4 Tage.

Flädle-Pfannkuchen

Seit jeher beliebt bei Groß und Klein

für 4 Flädle-Pfannkuchen

230 g Weizenmehl (Type 1050) oder Dinkelmehl (Type 630)
1 ½ TL Johannisbrotkernmehl
1 TL gemahlene Kurkuma
1 TL feines Meersalz
2 MSP frisch gemahlener weißer Pfeffer
300 ml Sojadrink
300 ml sprudelndes Mineralwasser
4 – 5 EL fein gehackte Gartenkräuter
(zum Beispiel Petersilie, Schnittlauch, Estragon, Kresse)
Rapsöl zum Braten

➤ Das Weizenmehl oder Dinkelmehl mit dem Johannisbrotkernmehl, der Kurkuma, dem Salz und Pfeffer in einer Schüssel vermischen.

➤ In kleinen Portionen zuerst den Sojadrink, dann das Mineralwasser mit einem Schneebesen unterrühren. So lange rühren, bis ein glatter, klümpchenfreier, relativ flüssiger Teig entstanden ist.

➤ Die Kräuter unterziehen.

➤ Etwas Rapsöl in einer (beschichteten) Pfanne erhitzen und nacheinander vier dünne Pfannkuchen ausbacken (pro Pfannkuchen eine große Schöpfkelle Teig verwenden).

➤ Die Pfannkuchen etwas abkühlen lassen. Danach aufrollen und die Rollen in dünne Scheiben schneiden. Aus den Scheiben ergeben sich dünne Streifen, die Flädle.

Tipps

- Die Flädle-Pfannkuchen schmecken nicht nur als Suppeneinlage, sondern auch als herzhafte Pfannkuchen entweder pur oder mit etwas Cashew Sour Cream (siehe Seite 177) gefüllt.

- Abwechslung bringen Sie in die Pfannkuchen, wenn Sie wahlweise nach Belieben zusätzlich folgende Zutaten zum Teig geben:
  - 1 – 2 geschälte, fein zerdrückte Knoblauchzehen
  - 1 sehr fein gehackte frische rote Chilischote
  - 3 – 4 EL Hefeflocken
  - 1 EL geschälter, fein gehackter Ingwer
  - mediterrane Kräuter (Basilikum, Rosmarin, Thymian, Oregano, Majoran) statt der Gartenkräuter
  - 6 – 8 sehr fein gehackte, in Öl eingelegte, getrocknete Tomaten

- Zur Zubereitung einer klassischen **Flädlesuppe** 1 ¼ l Gemüsebrühe zum Kochen bringen, ½ Bund fein gehackte Petersilie unterrühren und die Brühe herzhaft mit Meersalz und frisch gemahlenem Pfeffer abschmecken. Die Suppe auf Suppenteller verteilen und nach Belieben Flädle in die Suppe geben.

Grießklößchen

Die Klassiker unter den Suppeneinlagen

für 12 Grießklößchen

100 g Hartweizengrieß
4 EL sehr fein gehackte krause Petersilie
1 TL Johannisbrotkernmehl
Meersalz
2 MSP frisch geriebene Muskatnuss
2 MSP frisch gemahlener weißer Pfeffer
1 EL Rapsöl
200 ml Sojadrink

➤ Den Hartweizengrieß, die Petersilie, das Johannisbrotkernmehl, ½ TL Salz, die Muskatnuss, den Pfeffer und das Öl in einem kleinen Topf verrühren.

➤ In kleinen Portionen den Sojadrink hinzufügen und glatt rühren.

➤ Den Topf auf den Herd geben und alles kurz unter ständigem Rühren erhitzen, bis sich ein dicker Kloß um den Kochlöffel herum ausformt. Darauf achten, dass die Grießklößchenmasse nicht am Topfboden ansetzt.

➤ Den Topf vom Herd nehmen. Den Kloß in eine kleine Schüssel umfüllen, etwas abkühlen lassen und zu einer glatten Kugel formen. Die Kugel mit Frischhaltefolie abdecken und etwa 20 Minuten ruhen lassen.

➤ 2 ½ l Wasser mit 2 TL Salz in einem großen Topf zum Kochen bringen. Mit einem Esslöffel Teigportionen vom Grießklößchenteig abstechen (pro Portion ein gut gehäufter Esslöffel) und mit den Händen zu Klößchen formen.

➤ Die Grießklößchen in das leicht kochende Wasser gleiten lassen und 8 – 10 Minuten köcheln lassen, bis sie an die Oberfläche kommen.

➤ Die Grießklößchen mit einem Schaumlöffel aus dem Wasser nehmen und als Beilage in die fertige Brühe oder Suppe geben.

Tipps

- Grießklößchen können viele klare Suppen wie die klare Spargelsuppe von Seite 43, die Kohlrabisuppe mit Frühlingskräutern von Seite 44 oder die klare mediterrane Blumenkohlsuppe von Seite 56 verfeinern. Sie schmecken jedoch auch als Einlage in Cremesuppen, zum Beispiel in der doppelten Selleriesuppe von Seite 89 oder in der grünen Spargelsuppe mit Rosmarin von Seite 140.

- Eine klassische **Grießklößchensuppe** bereiten Sie wie folgt zu: 1 ¼ l heiße, kräftige Gemüsebrühe auf vier Suppenteller verteilen und drei frisch zubereitete Grießklößchen pro Portion dazugeben. Für den großen Hunger die doppelte Menge an Grießklößchen zubereiten und jeweils sechs Grießklößchen in einen Suppenteller geben. Verfeinern können Sie die Grießklößchensuppe durch ½ Bund fein gehackte glatte Petersilie oder fein gehackten Schnittlauch.

Pilz-Linsen-Nocken ☼

Die Sattmacher unter den Suppeneinlagen

1 Schalotte
1 Knoblauchzehe
2 – 3 EL Olivenöl
100 g braune Champignonhüte ohne Stiele (mit Stielen etwa 150 g)
150 g rote Linsen
300 ml Wasser
1 kleines Lorbeerblatt
2 EL geröstetes Kichererbsenmehl
1 EL Sojasauce
1 EL milder Weißweinessig
4 EL fein gehackte krause Petersilie
Meersalz
frisch gemahlene Chiliflocken

➤ Die Schalotte und Knoblauchzehe schälen, sehr fein hacken und im heißen Öl anschwitzen.
➤ Die Champignons sehr fein hacken. (Damit die Nocken nach dem Kochen zusammenhalten, benötigt man genau 100 g Champignonhüte. Da die Stiele manchmal etwas zäh sein können, werden sie hier nicht verwendet). Die gehackten Champignons zur Schalotte und zum Knoblauch in den Topf geben und anschwitzen.
➤ Die Linsen und das Wasser hinzufügen und alles unter Rühren kurz zum Kochen bringen. Die Temperatur deutlich reduzieren, das Lorbeerblatt in den Topf geben und alles unter gelegentlichem Rühren gut 20 Minuten köcheln lassen, bis die Linsen zerfallen sind.
➤ Das Lorbeerblatt entfernen. Das Kichererbsenmehl, die Sojasauce und den Essig hinzufügen. Alles gut 5 Minuten ziehen lassen. Sollte die Linsenmasse am Topfboden ansetzen, noch ein wenig Wasser unterrühren.

> Die Petersilie einrühren und die Pilz-Linsen-Masse herzhaft mit Salz und Chiliflocken abschmecken. Zum Servieren mit einem Esslöffel großzügig Portionen von der Linsenmasse abstechen und in die Suppe nach Wahl geben.

Tipp

Diese Nocken können die Petersilienwurzelsuppe von Seite 60 oder das Knoblauchcremesüppchen von Seite 123 verfeinern. Oder servieren Sie die Odenwälder Kartoffelsuppe von Seite 46 mit diesen Nocken statt mit der angegebenen Karotten-Tofu-Garnitur.

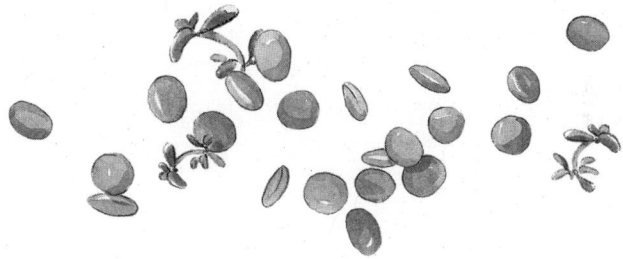

Polentanocken mit Kräutern

Pfiffige Einlage für mediterrane Suppen

1 kleine Schalotte oder 1 kleine Frühlingszwiebel
2 EL Olivenöl
125 g Polenta
1 TL Meersalz
300 ml Wasser
4 EL fein gehackte gemischte mediterrane Kräuter
  (zum Beispiel Thymian, Rosmarin, Oregano, Basilikum, Estragon)
frisch gemahlener weißer Pfeffer

➤ Die Schalotte schälen und fein hacken oder die Frühlingszwiebel in feine Ringe schneiden und im heißen Öl anschwitzen.

➤ Die Polenta mit dem Salz vermischen und zur Zwiebel in den Topf geben. Kurz anbraten, dann unter Rühren das Wasser hinzufügen.

➤ Die Polenta unter Rühren kurz aufkochen. Die Kräuter unterrühren und die Polenta mit etwas Pfeffer würzen.

➤ Den Topf vom Herd nehmen, den Deckel auflegen und die Polenta etwa 10 Minuten ausquellen lassen.

➤ Zum Servieren mit einem Esslöffel großzügig Portionen von der Polentamasse abstechen und in die Suppe nach Wahl geben.

Tipp

Polentanocken schmecken als Einlage in vielen Suppenkreationen wie der klaren mediterranen Blumenkohlsuppe von Seite 56, der Ratatouille-Suppe von Seite 160, der beschwipsten Steckrübencremesuppe von Seite 53 oder dem Knoblauchcremesüppchen von Seite 123.

Fixe Knoblauchcroûtons

Wunderbare Verwandlung für Toastbrot

4 Scheiben Vollkorntoastbrot
4 Knoblauchzehen

➤ Die Toastbrotscheiben im Toaster kross rösten.
➤ Die Knoblauchzehen schälen und halbieren. Die grünen Keime im Inneren entfernen.
➤ Die Toastbrotscheiben von beiden Seiten mit den Knoblauchhälften kräftig einreiben.
➤ Die Brotscheiben anschließend in kleine Würfel schneiden.

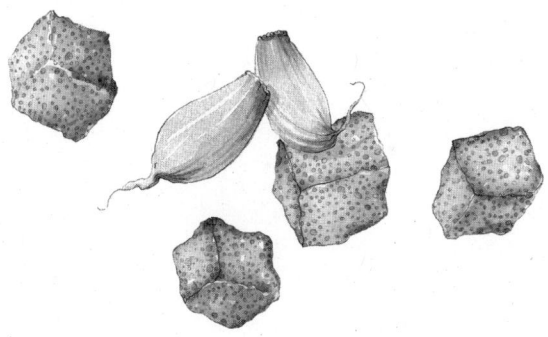

Röstzwiebeln ☼

Köstlich knackig

2 große Zwiebeln (etwa 350 g)
100 g Speisestärke
1 leicht gehäufter TL feines Meersalz
1 TL Roh-Rohrzucker
350 – 400 ml Rapsöl oder Sojaöl

➤ Die Zwiebeln schälen und halbieren. Die Hälften in feine Halbmonde schneiden.

➤ Die Zwiebeln mit der Speisestärke, dem Salz und Zucker in einen
Gefrierbeutel geben. Den Beutel mit einer Klemme verschließen,
dann gut schütteln, damit alles gut vermischt wird. Die Zwiebeln in
zwei Portionen in ein großes, feines Sieb über einer Schüssel geben.
Die überschüssige Speisestärke durch Schütteln des Siebes absieben
und in der Schüssel auffangen.

➤ Das Öl in einer großen Pfanne erhitzen. Die Zwiebeln darin in zwei
Portionen so lange ausbacken, bis sie leicht gebräunt sind (die Zwiebeln nicht zu braun werden lassen, weil sie dann bitter schmecken).

➤ Die Röstzwiebeln mit einem Schaumlöffel aus der Pfanne nehmen
und auf einer dicken Lage Küchenpapier abtropfen lassen.

➤ Am besten sofort servieren, weil sie dann besonders knackig sind. In
einer gut verschlossenen Kunststoffdose halten sich die Röstzwiebeln
im Kühlschrank gut 3 Wochen.

Tipps

- Statt der Speisestärke können Sie auch geröstetes Kichererbsenmehl verwenden oder für eine nicht glutenfreie Zubereitung Weizenmehl (Type 1050) oder Dinkelmehl (Type 630).

- Eine herzhafte Kartoffelsuppe (siehe Seite 46) und Röstzwiebeln, die zum Servieren über die Suppe gestreut werden, sind das perfekte kulinarische Duo. Das funktioniert auch, wenn die Kartoffelsuppe kalt genossen wird (siehe Seite 119). Röstzwiebeln machen sich als knackiger Pep jedoch auch gut auf vielen anderen Suppen und Eintöpfen wie der doppelten Selleriesuppe (siehe Seite 89), dem Sauerkrauteintopf mit Räuchertofu (siehe Seite 94) oder dem Knoblauchcremesüppchen (siehe Seite 123). Bei der winterlichen Rosenkohlcremesuppe (siehe Seite 62) können die Röstzwiebeln anstelle der oder zusätzlich zu den karamellisierten Walnüssen serviert werden. Lecker!

Räuchertofu-Paprika-Spieße ☼

Super Begleiter für würziges Suppenglück

250 g Räuchertofu
1 rote Paprikaschote
1 Schalotte
3 – 4 EL Rapsöl
2 – 3 EL Sojasauce

außerdem:
4 hölzerne Schaschlikspieße

➤ Den Räuchertofublock der Länge nach halbieren, sodass zwei gleich dicke Scheiben entstehen. Die Scheiben in jeweils 12 etwa gleich große Würfel schneiden (insgesamt 24 Würfel).
➤ Die Paprika vierteln, entkernen und in etwa 12 kleine Stücke schneiden. Die Schalotte schälen und in 8 Ringe schneiden.
➤ Den Räuchertofu, die Paprikastücke und Schalottenringe abwechselnd auf die Schaschlikspieße stecken.
➤ Das Rapsöl in einer (beschichteten) Pfanne erhitzen und die Spieße darin von allen Seiten braten, bis der Tofu leicht kross ist.
➤ Die Sojasauce über die Spieße träufeln und die Spieße nochmals kurz von allen Seiten braten, bis sie schön gebräunt sind.

Tipp

Die Räuchertofu-Paprika-Spieße sind eine leckere, herzhafte Beilage zu vielen würzigen Suppen wie der Tomaten-Paprika-Suppe mit Grünkernschrot von Seite 51, dem braunen Linseneintopf von Seite 86, dem Süßkartoffelchili von Seite 95, der kalten Kartoffelsuppe mit Mais von Seite 119, dem Knoblauchcremesüppchen von Seite 123 oder der schwedischen Brotsuppe von Seite 164. Auch pur, das heißt ganz ohne Suppe, schmecken die Tofuspieße als kleiner Snack mit Brot sehr lecker.

Süße Kokosmilchnocken

Die sanften Süßen unter den Suppeneinlagen

250 ml Kokosmilch
1 – 2 EL Roh-Rohrzucker
1 EL frisch gepresster Zitronensaft
3 – 4 MSP gemahlene Bourbonvanille
1 ½ TL Johannisbrotkernmehl

➤ Die Kokosmilch mit dem Zucker, Zitronensaft und der Vanille in ein hochwandiges Rührgefäß geben.

➤ Mit dem Handrührgerät kräftig aufschlagen, dabei das Johannisbrot-kernmehl durch ein feines Sieb einrieseln lassen. So lange rühren, bis die Creme eindickt.

➤ Die Kokosmilchcreme vor der Verwendung 30 – 40 Minuten in den Kühlschrank geben.

➤ Zum Servieren mit einem Esslöffel Portionen von der Kokosmasse abstechen und zum Beispiel die Aprikosenkaltschale von Seite 168 oder die Tutti-Frutti-Rhabarberkaltschale von Seite 174 damit ver-feinern.

Suppen rund ums Jahr

Frisch gelöffelt im Frühling   Seite

Brennnesselsuppe mit Avocado 135
Brezensuppe 41
Grüne Spargelsuppe mit Rosmarin 140
Italienische Erdbeerkaltschale 170
Klare Spargelsuppe auf mediterrane Art 43
Kohlrabisuppe mit Frühlingskräutern 44
Mairübchensuppe mit süßsauren Radieschen 58
Spargelcremesuppe mit Bärlauchpesto 64
Tutti-Frutti-Rhabarberkaltschale 174

Sommer im Suppentopf   Seite

Aprikosenkaltschale mit Himbeeren 168
Auberginencremesuppe mit Erdnussmus 100
Aubergineneintopf mit roten Linsen 85
Avocadocremesuppe mit Paprika 111
Blumenkohlcremesuppe 99
Brokkoli-Karotten-Eintopf mit Perlgraupen 88
Brokkoli-Rucola-Cremesuppe 102
Bunte Gemüsesuppe mit Kokosmilch 72
Chinesische Tofu-Nudel-Suppe 148
Cremige Salatsuppe 112
Erbsencremesuppe auf britische Art 103
Erbsensuppe aus frischen Erbsen 42
Ganz grüne Suppe 114
Gazpacho 115
Gemüse-Bouillabaisse 150
Griechische Bohnensuppe 78
Gurken-Sojajoghurt-Süppchen mit Kräutern 116
Hirsesuppe auf toskanische Art 154
Hirsesuppe mit Vanille-Heidelbeeren 171
Kalte Karottensuppe 118
Klare mediterrane Blumenkohlsuppe 56

Kohlrabi-Zucchini-Eintopf mit Amarant 142
Mais-Tomaten-Suppe 127
Mangoldsuppe mit Kichererbsen 82
Marokkanischer Sommereintopf 156
Nudel-Gemüse-Suppe 45
Pasta e patate 48
Pfifferlingsrahmsuppe mit Kresse 145
Polentasuppe mit Paprika 129
Pusztaeintopf 158
Ratatouille-Suppe 160
Süßkartoffel-Tomaten-Suppe 120
Tomatencremesuppe aus dem Mixer 132
Tomatenkaltschale mit Basilikum 121
Tomaten-Paprika-Suppe mit Grünkernschrot 51
Zucchini-Apfel-Suppe mit Kokos 175
Zucchini-Kokosmilch-Suppe 131
Zucchini-Reis-Eintopf mit Thymian 144
Zucchini-Rettich-Suppe mit Schmoreinlage 68
Zazikisuppe 109

So schmeckt der Herbst   *Seite*

Apfelporridge mit Zimt und Vanille 167
Borschtsch 71
Brauner Linseneintopf 86
Curry-Apfel-Suppe 136
Doppelte Selleriesuppe 89
Gulasch aus Kartoffeln und Pilzen 90
Kürbiscremesuppe mit Apfelwein 143
Mediterrane Maronensuppe 105
Norwegische Knäckebrotsuppe mit Apfel 172
Odenwälder Kartoffelsuppe 46
Provenzalische Kürbiscremesuppe 106
Rote-Bete-Bananen-Suppe 130
Rotkohlsuppe mit Roter Bete 92
Safran-Gemüse-Eintopf aus Murcia 162
Schwedische Brotsuppe 164

Wärmendes im Winter   Seite

Beschwipste Steckrübencremesuppe 53
Karottensuppe mit Vanille, Cranberrys und Haselnüssen 54
Fruchtige Pastinaken-Birnen-Suppe 138
Dinner-for-One-Suppe 76
Petersilienwurzelsuppe mit Paprika 60
Rosenkohlcremesuppe mit karamellisierten Walnüssen 62
Sauerkrauteintopf mit Räuchertofu 94
Weißer Wintereintopf 96

Suppengenuss zu jeder Jahreszeit   Seite

Bohnencremesuppe mit mediterranen Kräutern 124
Bündner Gerstensuppe 147
Chili con tofu 74
Fixe Bananen-Zitrus-Suppe mit Sojajoghurt 169
Goldene Bananen-Curry-Suppe 139
Haferflockensuppe 126
Kalte Kartoffelsuppe mit Mais 119
Klare Knoblauchsuppe 80
Indische Tomatensuppe mit Sesam 153
Knoblauchcremesüppchen 123
Mandelcremesuppe mit Safran 104
Miso-Gemüse-Suppe 128
Rote-Linsen-Suppe mit Minze 108
Schokosuppe mit Mandeln 173
Süßkartoffelchili 95
Süßkartoffelsuppe mit Karotten und Paprika 66
Tomaten-Linsen-Suppe mit indischer Note 50
Zwiebelsuppe 83

Die Autorin

Heike Kügler-Anger arbeitete lange als Englischdozentin in der Erwachsenenbildung. 2006 tauschte sie die Lehrbücher gegen den Kochlöffel ein und hat seitdem zahlreiche Kochbücher zur vegetarischen und veganen Küche veröffentlicht. Außerdem schreibt sie redaktionelle Texte zu den Themen Kochen, Ernährung und Gesundheit, ist als Referentin im Bereich Ernährung und Gesundheit tätig und erteilt Kochkurse. Ihr Lebensmittelpunkt ist seit 16 Jahren der sagenumwobene Odenwald, wo sie mit ihrem besten Testesser (ihrem Ehemann) sowie mit mehreren adoptierten Hunden und Katern in einem kleinen Dorf heimisch geworden ist.

Weitere Informationen zur Autorin und Neuigkeiten finden Sie auf ihrer Internetseite: www.hkanger.de

Von Heike Kügler-Anger sind im pala-verlag bereits erschienen:
- Vegetarisch kochen – französisch
- Milchfrei und schnell gekocht
- Käse veganese
- Cucina vegana
- Vegetarisches fürs Fest
- Vegan unterwegs
- Frisch aufgegabelt – Nudeln vegan
- Vegetarisches aus der Klosterküche
- Veganes fürs Fest
- Vegan grillen
- Vive la Provence!
- Vegane Brotaufstriche
- Vegane Rohköstlichkeiten aus dem Mixer
- Gelateria vegana

Verzeichnis der Rezepte

Amarant-Kohlrabi-Zucchini-Eintopf..... 142
Apfel-Curry-Suppe............................. 136
Apfel-Knäckebrot-Suppe,
  norwegische Art 172
Apfelporridge mit Zimt und Vanille....... 167
Apfelwein-Kürbis-Cremesuppe............. 143
Apfel-Zucchini-Suppe mit Kokos........... 175
Aprikosenkaltschale mit Himbeeren 168
Auberginencremesuppe
  mit Erdnussmus............................. 100
Aubergineneintopf mit roten Linsen....... 85
Avocado-Brennnessel-Suppe.............. 135
Avocadocremesuppe mit Paprika 111

Bananen-Curry-Suppe....................... 139
Bananen-Rote-Bete-Suppe................ 130
Bananen-Zitrus-Suppe
  mit Sojajoghurt............................. 169
Bärlauchpesto
  mit Spargelcremesuppe.................... 64
Basilikum-Tomaten-Kaltschale............. 121
Beschwipste Steckrübencremesuppe...... 53
Birnen-Pastinaken-Suppe................... 138
Blumenkohlcremesuppe....................... 99
Blumenkohlsuppe, klar 56
Bohnencremesuppe
  mit mediterranen Kräutern.............. 124
Bohnensuppe, griechische Art.............. 78
Borschtsch 71
Bouillabaisse................................... 150
Brauner Linseneintopf........................ 86
Brennnesselsuppe mit Avocado........... 135
Brezensuppe.................................... 41
Brokkoli-Karotten-Eintopf
  mit Perlgraupen............................. 88

Brokkoli-Rucola-Cremesuppe.............. 102
Brotsuppe, schwedische Art 164
Bündner Gerstensuppe 147
Bunte Gemüsesuppe mit Kokosmilch...... 72

Cashew Sour Cream........................... 177
Chili con tofu 74
Chinesische Tofu-Nudel-Suppe............ 148
Cranberry-Karotten-Haselnuss-Suppe
  mit Vanille................................... 54
Cremige Salatsuppe 112
Croûtons... 185
Curry-Apfel-Suppe............................. 136
Curry-Bananen-Suppe 139

Dinner-for-One-Suppe........................ 76
Doppelte Selleriesuppe....................... 89

Erbsencremesuppe auf britische Art 103
Erbsensuppe aus frischen Erbsen 42
Erdbeerkaltschale, italienische Art........ 170
Erdnuss-Auberginen-Cremesuppe........ 100

Fixe Bananen-Zitrus-Suppe
  mit Sojajoghurt 169
Fixe Knoblauchcroûtons...................... 185
Flädle-Pfannkuchen............................ 178
Frisches Gemüsebrühekonzentrat.......... 25
Fruchtige Pastinaken-Birnen-Suppe...... 138

Ganz grüne Suppe 114
Gazpacho....................................... 115
Gemüse-Bouillabaisse 150
Gemüsebrühe aus Gartengemüse 20
Gemüsebrühe aus Suppengrün............. 18

Gemüsebrühe,
getrocknet und gekörnt 24
Gemüsebrühe, mediterrane Art 19
Gemüsebrühekonzentrat, frisch 25
Gemüse-Miso-Suppe 128
Gemüse-Nudel-Suppe 45
Gemüse-Safran-Eintopf aus Murcia 162
Gemüsesuppe mit Kokosmilch 72
Gerstensuppe, Bündner Art 147
Getrocknete gekörnte Gemüsebrühe 24
Goldene Bananen-Curry-Suppe 139
Graupen-Brokkoli-Karotten-Eintopf 88
Griechische Bohnensuppe 78
Grießklößchen 180
Grüne Spargelsuppe mit Rosmarin 140
Grünkernschrot-Tomaten-
Paprika-Suppe 51
Gulasch aus Kartoffeln und Pilzen 90
Gurken-Sojajoghurt-Süppchen
mit Kräutern 116

Haferflockensuppe 126
Haselnuss-Karotten-Cranberry-Suppe
mit Vanille 54
Heidelbeer-Hirse-Suppe 171
Himbeer-Aprikosen-Kaltschale 168
Hirsesuppe auf toskanische Art 154
Hirsesuppe mit Vanille-Heidelbeeren 171

Indische Tomatensuppe mit Sesam 153
Italienische Erdbeerkaltschale 170

Kalte Karottensuppe 118
Kalte Kartoffelsuppe mit Mais 119
Karotten-Brokkoli-Eintopf
mit Perlgraupen 88
Karotten-Paprika-Süßkartoffel-Suppe 66

Karottensuppe mit Vanille,
Cranberrys und Haselnüssen 54
Karottensuppe, kalt 118
Kartoffel-Pilz-Gulasch 90
Kartoffelsuppe mit Mais, kalt 119
Kartoffelsuppe, Odenwälder Art 46
Kichererbsen-Mangold-Suppe 82
Klare Knoblauchsuppe 80
Klare mediterrane Blumenkohlsuppe 56
Klare Spargelsuppe
auf mediterrane Art 43
Klassische Gemüsebrühe
aus Suppengrün 18
Knäckebrotsuppe mit Apfel,
norwegische Art 172
Knoblauchcremesüppchen 123
Knoblauchcroûtons............................. 185
Knoblauchsuppe, klar 80
Kohlrabisuppe mit Frühlingskräutern 44
Kohlrabi-Zucchini-Eintopf
mit Amarant 142
Kokosmilch-Gemüse-Suppe................... 72
Kokosmilchnocken 189
Kokosmilch-Zucchini-Suppe 131
Kokos-Zucchini-Apfel-Suppe 175
Kräuter-Bohnen-Cremesuppe.............. 124
Kräuter-Gurken-Süppchen
mit Sojajoghurt 116
Kräuter-Kohlrabi-Suppe 44
Kräuter-Polenta-Nocken...................... 184
Kresse-Pfifferlingsrahmsuppe.............. 145
Kürbiscremesuppe mit Apfelwein 143
Kürbiscremesuppe,
provenzalische Art 106

Linseneintopf 86
Linsen-Pilz-Nocken 182

Linsensuppe mit Minze 108

Linsen-Tomaten-Suppe
mit indischer Note 50

Mairübchensuppe
mit süßsauren Radieschen 58

Mais-Kartoffel-Suppe, kalt 119

Mais-Tomaten-Suppe 127

Mandelcremesuppe mit Safran............. 104

Mandel-Schoko-Suppe......................... 173

Mangoldsuppe mit Kichererbsen............ 82

Marokkanischer Sommereintopf 156

Maronensuppe, mediterrane Art........... 105

Mediterrane Gemüsebrühe 19

Mediterrane Maronensuppe 105

Minze-Linsen-Suppe 108

Miso-Gemüse-Suppe 128

Norwegische Knäckebrotsuppe
mit Apfel 172

Nudel-Gemüse-Suppe........................... 45

Nudel-Tofu-Suppe, chinesische Art 148

Odenwälder Kartoffelsuppe 46

Paprika-Avocado-Cremesuppe............ 111

Paprika-Karotten-Süßkartoffel-Suppe 66

Paprika-Petersilienwurzel-Suppe 60

Paprika-Polenta-Suppe 129

Paprika-Räuchertofu-Spieße 188

Paprika-Tomaten-Suppe
mit Grünkernschrot........................... 51

Pasta e patate 48

Pastinaken-Birnen-Suppe.................... 138

Petersilienwurzelsuppe mit Paprika 60

Pfannkuchen für Flädle....................... 178

Pfifferlingsrahmsuppe mit Kresse 145

Pilz-Kartoffel-Gulasch........................... 90

Pilz-Linsen-Nocken 182

Polentanocken mit Kräutern............... 184

Polentasuppe mit Paprika 129

Provenzalische Kürbiscremesuppe 106

Pusztaeintopf 158

Radieschen-Mairübchen-Suppe 58

Ratatouille-Suppe................................ 160

Räuchertofu-Paprika-Spieße 188

Räuchertofu-Sauerkraut-Eintopf............ 94

Reis-Zucchini-Eintopf mit Thymian........ 144

Rettich-Zucchini-Suppe
mit Schmoreinlage............................ 68

Rhabarberkaltschale........................... 174

Rosenkohlcremesuppe
mit karamellisierten Walnüssen.......... 62

Rosmarin-Spargel-Suppe 140

Röstzwiebeln...................................... 186

Rote-Bete-Bananen-Suppe 130

Rote-Bete-Rotkohl-Suppe 92

Rote-Linsen-Auberginen-Eintopf............ 85

Rote-Linsen-Suppe mit Minze 108

Rotkohlsuppe mit Roter Bete 92

Rouille 152

Rucola-Brokkoli-Cremesuppe.............. 102

Safran-Gemüse-Eintopf aus Murcia..... 162

Safran-Mandel-Cremesuppe 104

Salatsuppe.. 112

Sauerkrauteintopf mit Räuchertofu 94

Schokosuppe mit Mandeln.................. 173

Schwedische Brotsuppe 164

Selleriesuppe...................................... 89

Sesam-Tomaten-Suppe, indische Art..... 153

Sojajoghurt-Bananen-Zitrus-Suppe 169

Sojajoghurt-Gurken-Süppchen 116

Sommereintopf, marokkanische Art 156
Spargelcremesuppe mit Bärlauchpesto ... 64
Spargelsuppe mit Rosmarin 140
Spargelsuppe, klar 43
Steckrübencremesuppe 53
Süße Kokosmilchnocken 189
Süßkartoffelchili 95
Süßkartoffelsuppe
    mit Karotten und Paprika 66
Süßkartoffel-Tomaten-Suppe 120

Tofu-Nudel-Suppe, chinesische Art 148
Tomatencremesuppe aus dem Mixer 132
Tomatenkaltschale mit Basilikum 121
Tomaten-Linsen-Suppe
    mit indischer Note 50
Tomaten-Mais-Suppe 127
Tomaten-Paprika-Suppe
    mit Grünkernschrot........................... 51
Tomatensuppe mit Sesam,
    indische Art 153

Tomaten-Süßkartoffel-Suppe 120
Tutti-Frutti-Rhabarberkaltschale 174

Vanille-Apfel-Porridge mit Zimt 167

Walnuss-Rosenkohl-Cremesuppe......... 62
Weißer Wintereintopf 96

Zazikisuppe.. 109
Zimt-Apfel-Porridge mit Vanille 167
Zitrus-Bananen-Suppe
    mit Sojajoghurt 169
Zucchini-Apfel-Suppe mit Kokos........... 175
Zucchini-Kohlrabi-Eintopf
    mit Amarant 142
Zucchini-Kokosmilch-Suppe 131
Zucchini-Reis-Eintopf mit Thymian........ 144
Zucchini-Rettich-Suppe
    mit Schmoreinlage............................ 68
Zwiebelsuppe.. 83

Vegane Köstlichkeiten für jeden Geschmack

Heike Kügler-Anger:
Vegane Brotaufstriche
ISBN: 978-3-89566-314-7

Heike Kügler-Anger:
**Vegane Rohköstlichkeiten
aus dem Mixer**
ISBN: 978-3-89566-317-8

Heike Kügler-Anger:
Vegan unterwegs
ISBN: 978-3-89566-264-5

Heike Kügler-Anger:
Gelateria vegana
ISBN: 978-3-89566-333-8

Weitere Bücher aus dem pala-verlag

Anja Völkel:
**Zauberhafte Weihnachtsbäckerei –
glutenfrei**
ISBN: 978-3-89566-338-3

Nadja Schäfers:
**Histaminarm kochen –
vegetarisch**
ISBN: 978-3-89566-263-8

Irmela Erckenbrecht:
Teenager auf Veggiekurs
ISBN: 978-3-89566-321-5

Petra Müller-Jani und Joachim Skibbe:
**Ayurveda –
Die Kunst des Kochens**
ISBN: 978-3-89566-307-9

Gesamtverzeichnis bei:
pala-verlag, Rheinstraße 35, 64283 Darmstadt, www.pala-verlag.de

ISBN: 978-3-89566-345-1
© 2015: pala-verlag
Rheinstraße 35, 64283 Darmstadt
www.pala-verlag.de

Umschlag- und Innenillustrationen: Karin Bauer
www.karin-bauer.com

Glutenfrei-Symbol: Margret Schneevoigt
Lektorat: Angelika Eckstein

Druck und Bindung: fgb • freiburger graphische betriebe
www.fgb.de
Printed in Germany

Dieses Buch ist auf Papier aus
100 % Recyclingmaterial gedruckt
und klimaneutral produziert.